AF607183

EL PARQUE

ANGELA MARINESCU

EL PARQUE

Traducción de Corina Oproae

VISOR LIBROS

VOLUMEN MCCLXIX DE LA COLECCIÓN VISOR DE POESÍA

Esta obra ha sido publicada gracias a la ayuda concedida
por el Instituto Cultural Rumano dentro del Programa de Subvenciones
para la Traducción y Edición

Título original: *Parcul*

Cubierta: Francis Picabia

Edición al cuidado de Nicole Brezin

Isaac Peral, 18 - 28015 Madrid
www.visor-libros.com

ISBN: 979-13-87745-69-1
Depósito Legal: M-7126-2025

Impreso en España - Printed in Spain
Gráficas Muriel. C/ Investigación, n.º 9. P. I. Los Olivos - 28906 Getafe (Madrid)

PARCUL

EL PARQUE

Am o singură rasă: plăcerea

Tengo una sola raza: el placer

I

I

COLINDĂTORII

Plâng înafară, frunzele au dispărut acum
pentru totdeauna, gerul a devenit albastru.
am o singură rasă: plăcerea.
veniți voi, colindători ai distrugerii
cu mâinile albe pe armele puține
cu buzele subțiri să ataci
negresa,
să o tai în două,
în frig,
în zăpadă,
despicată pe un perete.
în interior sacrificiul și mâna cu oasele
deznădăjduite ale celei care s-a umilit.

noaptea se lasă ca o umbră
pe mormântul de lemn al poetului.

LOS CANTORES DE VILLANCICOS

Lloro en la intemperie, las hojas han desaparecido
para siempre, la escarcha se ha vuelto azul.
tengo una sola raza: el placer.
venid, cantores de villancicos de la destrucción
con manos blancas sobre pocas armas,
con labios finos para atacar
a la negra,
para cortarla en dos,
en el frío,
en la nieve,
abierta en canal sobre un muro.
dentro, el sacrificio y la mano con los huesos
desesperanzados de la humillada.

la noche cae como una sombra
sobre la tumba de madera del poeta.

INTERIORUL UNEI DIMINEȚI DE IARNĂ

În plin atac, cu riscul, înscris,
ca un rac, printre coapsele lungi
plânge oligofrena anumitor cuvinte,
atât de puține.

pe coperțile de piele, roșii din pricini
obscure,
aurul înlocuiește viața
aici, în punctul acesta, unde cartea se închide.
demența este dimineața unei nopți
îndepărtate.

cu moartea pe pielea capului,
ca un praf, aspru, de păr,
atât de aproape, înăuntru,
în celulele albe care sparg dimineața
și moartea
cu cuțitul pe pielea altui cuțit
spun cuvinte.
hainele sunt pline de sânge
ele distrug martorii care se supun.
hainele sunt străine și negre.

EL INTERIOR DE UNA MAÑANA DE INVIERNO

En pleno ataque, con el riesgo marcado
como un cangrejo entre los muslos largos,
llora la oligofrénica de algunas palabras,
tan pocas.

sobre cubiertas de piel rojas por razones
oscuras,
el oro sustituye a la vida,
aquí, en este punto donde el libro se cierra.
la locura es la mañana de una noche
lejana.

con la muerte en el cuero cabelludo,
como polvos, ásperos, para el pelo,
tan cerca, dentro,
en las células blancas que rompen la mañana
y la muerte,
con el cuchillo en la piel de otro cuchillo,
digo palabras.
la ropa está llena de sangre
y destruye a los testigos que obedecen.
la ropa es extraña y negra.

ALEXANDRU SE ÎNTINDE ÎN UMBRA UNUI COPAC ÎNFLORIT

A venit ziua în care
îmi ceri blândețea alegerii, tu,
absent ca și cerul și doldora de sânge
curat ca și lacrima. băiatul obosește,
aleargă, pipăie morții din apă
și declară; aici este înăuntru,
înăuntru este fier de cea mai bună calitate
aici este adevărul; în ceea ce nu poți retrage.

ALEXANDRU SE ESTIRA A LA SOMBRA DE UN ÁRBOL EN FLOR

Ha llegado el día en que
me pides la delicadeza de la elección, tú,
ausente como el cielo y bañado en sangre
limpia como las lágrimas. el niño se cansa,
corre, palpa a los muertos en el agua
y declara: aquí es dentro,
dentro está el hierro de la mejor calidad,
aquí está lo verdadero, lo que no puedes rechazar.

ÎNSEMNELE UNEI ANUMITE PUTERI

Sub cer, sub mâini, sub sexul fără nici o
greșeală, cu ochii încercănați și buzele fine
îți repeți crima. se apropie înserarea
viscolul vertical îmi amintește de cinstea care distruge.
scriu într-o limbă pe care numai eu o cunosc
este limba care desenează cuvinte
se insinuează în timp
înlocuindu-l cu însemnele necunoscute ale
unei Puteri, străine de mine,
pe care nu o dau la o parte.
să găsim, înfricoșați, literele care se apropie

printre ruinele casei cu pereții, albi,
încă.

SIGNOS DE UN DETERMINADO PODER

Bajo el cielo, bajo las manos, bajo el sexo
sin pecado, con ojos ojerosos y labios suaves,
repites tu crimen. la noche se acerca,
la ventisca vertical me recuerda el honor que destruye.
escribo en una lengua que solo yo conozco,
es la lengua que dibuja palabras,
se insinúa en el tiempo
y lo sustituye por los signos ocultos
de un Poder ajeno a mí
del que no me desprendo.
encontremos, aterrados, las letras que acechan

entre las ruinas de la casa de paredes blancas,
todavía.

ÎN MARGINEA GRĂDINII

Marginea grădinii s-a cutremurat ca și înaintea
unei atingeri solemne,
dar actul violului s-a consumat brusc.
moartea a ocolit, nepăsătoare,
Trei Umbre Profane.
cinstea mea întunecată este un poem îndepărtat
ce închide o carte a cărui sfârșit ar putea fi religios
dacă pielea mea ar fi închis alt trup, mai puternic,
chiar bărbătesc, cu frunte de călugăr.
dar eu urlu cu gura închisă și sora mea…
sora mea Eleonora mă cheamă dincolo de zidul
care se apropie.
pe umbra Eleonorei desenez altă umbră
acolo unde creierul atinge altă umbră
a coapselor ei
înainte de moarte
înaintea oricărei cărți
înaintea oricărui cuvânt.

EL BORDE DEL JARDÍN

El borde del jardín se estremeció como antes
de un roce solemne,
pero el acto de violación se consumó de repente.
la muerte cercó impasible
las Tres Sombras Profanas.
mi honor sombrío es un poema lejano
encerrado en un libro cuyo final podría ser religioso
si mi piel encerrara otro cuerpo, más fuerte,
incluso varonil, con frente de monje.
pero yo aúllo con la boca cerrada y mi hermana…
mi hermana Eleonora me llama más allá del muro
que se estrecha.
sobre la sombra de Eleonora dibujo otra sombra,
allí, donde el cerebro roza otra sombra,
la de sus muslos
antes de la muerte,
antes de cualquier libro,
antes de cualquier palabra.

SĂRBĂTOARE ADÂNCĂ

Cerul s-a îngustat și a devenit strâmt
ca un drum întunecat dintr-un oraș de munte
cu îngeri bătuți până la sânge.
în Aradul meu alb
rătăcitori istoviți în haine grele
se opresc să judece; judecata lor ar putea
fi un har, ca oricare altul, acum,
în preajma unei sărbători
saturate de îngeri bolnavi
cu sexul prea adânc, atât de adânc
încât cuvintele izbucnesc fără grijă și totul se întunecă.
perfecțiunea congregației de semne lipsește de sens
se închide cu grijă
eu plec, dar nu în limba mea
fără cuvintele mele
plec într-o patrie fără cuvinte.

CELEBRACIÓN PROFUNDA

El cielo se ha encogido y se ha vuelto estrecho
como un camino oscuro en una ciudad de montaña
con ángeles golpeados hasta la sangre.
en Arad, mi ciudad blanca,
vagabundos exhaustos en ropas pesadas
se detienen a juzgar; su juicio podría
ser ahora un don, como cualquier otro,
en vísperas de una fiesta
saturada de ángeles enfermos
con el sexo demasiado hondo, tan hondo
que las palabras estallan indiferentes y todo se oscurece.
la perfecta congregación de signos no tiene sentido,
se cierra despacio
y yo me voy, pero no en mi lengua,
sin mis palabras
me voy a una patria sin palabras.

CUPOLA PLINĂ DE SÂNGE A UNEI MĂNĂSTIRI

Hai să ne întindem pe drumul
alb, cu pielea ca focul, în plină iarnă.
niciodată suferința nu a fost atât de nesigură.
îmi atac familia și rudele de sânge
hai să atacăm înstrăinarea.
el, cu craniul ras, intră înăuntru
cu precizia unui poet.
demența, acum, se suprapune ca un zid al unei
mănăstiri îngropate în iarbă.

sub pământ, acolo,
călugărițele se privesc în ochi.

LA CÚPULA MANCHADA DE SANGRE DE UN MONASTERIO

Tumbémonos en el camino
blanco, con la piel como el fuego, en pleno invierno.
el sufrimiento nunca ha sido tan incierto.
ataco a mi familia y a mis parientes de sangre,
ataquemos la enajenación.
él, con el cráneo rasurado, entra
con la precisión de un poeta.
la locura, ahora, se extiende como el muro
de un monasterio enterrado en la hierba.

allí, bajo la tierra,
las monjas se miran a los ojos.

NICIODATĂ (ÎN UMBRĂ)

Cu mâini subțiri de fetiță
înconjuram, roșie ca focul, cuvintele obscene
ale necunoscutului (atunci, în grădina albă de soare,
a Eleonorei), pe fața asiatică.
dar acum, când îmi fac loc în pădurea de mesteceni
(îți amintești, Drumul Rusesc pe care l-am străbătut
străini, înspre Suzdal),
atât de dreaptă, Doamne.

în noaptea în care intru în plămânii mei
ca în propria-mi casă cu pereții albi ca varul
niciodată nu se va mai întâmpla

în stepa cea mai adâncă
cu crucea lipită de crucea din creier.

NUNCA (EN LA SOMBRA)

Con manos delgadas de niña
cercaba, roja como el fuego, las palabras obscenas
sobre el rostro asiático (entonces, en el jardín blanco
bajo el sol de Eleonora) del desconocido.
pero ahora, cuando me abro paso en el bosque de abedules
(recordarás cuando recorrimos Drumul Rusesc,
extraños, hacia Súzdal),
tan recta, Señor.

la noche en que entro en mis pulmones
como en mi propia casa de paredes blancas como la cal
nunca volverá a suceder

en esta estepa tan profunda
con la cruz pegada a la cruz en el cerebro.

ELEONORA

Când Eleonora m-a rugat să-i arăt părul
m-am dezbrăcat și mi-am smuls părul de pe cap
iar degetele mi s-au umplut de sângele ei
de cuvintele părului ei întunecat.
când Eleonora îmi vorbea despre neputința ei
eu aveam timpul și râsul alături.
și mi-am pus haine negre și albastre
când Eleonora a înnebunit
eu îmi zdrobeam dinții de buze
și tăcerea era chiar gura mea.
dar Eleonora, sora mea pe care nu o mai am…
ceara și cuvintele lor
absența și cuvintele mele.

îmi fac semnul.

ELEONORA

Cuando Eleonora me pidió que le enseñara el pelo,
me desnudé y me arranqué el pelo de la cabeza
y mis dedos se llenaron de su sangre,
de las palabras de su pelo oscuro.
cuando Eleonora me habló de su impotencia,
la risa y el tiempo estaban de mi lado
y me vestí de negro y de azul.
cuando Eleonora enloqueció,
yo apreté los dientes contra mis labios
y mi boca fue solo silencio.
pero Eleonora, la hermana que ya no tengo…
la cera y sus palabras,
la ausencia y mis palabras.

me persigno.

CER DE TOAMNĂ

Cerul se întinde, alb, ca un animal căruia îi este
greață; în vasul violet o floare violetă
îmi rupe fața
prăpastia astfel întinsă atinge perfecțiunea.
înăuntru, în actul cel mai negru, aproape,
mă rog în fața bisericii care distruge strada,
cu fața la cei fără față; sunt cerșetorul plin de sânge
care pleacă înăuntru
pentru totdeauna, acolo, atât de departe
cu scaune de lemn care se înalță
dintre hainele lor vechi și adânci
haine de lemn.

printre ele, ezitarea, sălbatică.

CIELO DE OTOÑO

El cielo se extiende, blanco, como un animal
nauseabundo; en el jarrón púrpura una flor púrpura
me rompe el rostro.
el abismo así extendido alcanza la perfección.
dentro, en el acto más negro, casi,
rezo ante la iglesia que destruye la calle
de cara hacia los sin rostro; soy el mendigo lleno de sangre
que se encierra
para siempre, allí, tan lejos,
con sillas de madera que se alzan
entre sus viejas y profundas
ropas de madera.

entre ellas, la indecisión, salvaje.

PRIMA ZI DE TOAMNĂ

De partea cealaltă, cineva, tăcut, aparține zilei de
mâine.
am început să culegem struguri
într-o dimineață ca oricare alta
din via care strălucea în soare, ca un parc japonez.
Alexandru își vestește, plin de lacrimi, rafinamentul.
noi stăm cu spatele spre zidul care se acoperă
de umbrele unui trecut adânc.
Doamne, cât ne-am întors fața; de ce, atunci, trebuie să
iubim
un câine în lanț.
un copil își va tăia poeziile și sângele lor
va deveni ceea ce este; un obiect.
înăuntru, în pădurea de brazi, este o fereastră cu gratii.

EL PRIMER DÍA DE OTOÑO

Al otro lado, alguien, silencioso, pertenece
al mañana.
un día como cualquier otro
empezamos a recoger uvas
del viñedo que brilla al sol como un parque japonés.
entre lágrimas, Alexandru proclama su delicadeza.
nosotros estamos de espaldas al muro difuminado
bajo las sombras de un pasado profundo.
Señor, si siempre hemos dado la otra mejilla, por qué
amar entonces
a un perro atado.
un niño cortará sus poemas y la sangre
se convertirá en lo que es: un objeto.
dentro, en el bosque de abetos, una ventana enrejada.

MICA SPANIOLĂ

Mi se pare inutil să îți spun, iubitul meu,
într-o noapte mai adâncă decât cerul,
că triunghiul pe care îl desenezi în fața mea
este un spațiu închis, în care lupta nu poate avea loc.
o străină îți înlocuiește cuvintele.
o străină cântă pentru ea însăși.
o străină își aruncă puterea dincolo de libertate.
tocmai acolo, unde lupta este mai presus decât
sănătatea mâinii
culoarea neagră, amestecată cu albastru își regăsește
neputința.
mica spaniolă întrerupe dansul meu de o plăcere
imensă.
ea își strecoară sexul cu grijă.
plouă în casa părinților mei.
mă tem că sfârșitul ar putea fi doar o continuare
a iubirii mele.
pe o bandă nemărginită, îmi sprijin, eu, cea care
nu poate să fie
mai mult decât o credință,
trupul în lanțuri. acum, dimineața, cerul rece
se substituie, cu îngrijorare, vieții.
Doamne, mă retrag în genunchi și nu îți mai pot cere

LA PEQUEÑA ESPAÑOLA

Me parece innecesario decirte, amor mío,
en una noche más profunda que el cielo,
que el triángulo que dibujas ante mí
es un espacio cerrado donde la lucha no cabe.
una extraña sustituye tus palabras.
una extraña canta para sí misma.
una extraña lanza su poder más allá de la libertad.
justo allí, donde la lucha está por encima
del vigor de la mano,
el color negro mezclado con el azul recupera
su impotencia.
la pequeña española interrumpe el inmenso placer
de mi baile.
con cuidado desliza su sexo.
llueve en casa de mis padres.
temo que el final sea solo una continuación
de mi amor.
en una cinta interminable, apoyo, yo,
que no puedo ser
más que una creencia,
mi cuerpo encadenado. ahora, por la mañana, el cielo frío
reemplaza, preocupado, a la vida.
Señor, me arrodillo y solo te pido

decât înțelegere albastru, cu roșu, cu roz, puțin negru,
puțină poezie și un ceas violet.
mă plimb printre copacii atât de drepți încât mă gândesc
la părul meu pe care nu-l voi mai avea niciodată.

mă provoacă mâinile; sunt o străină fără mâini.
fața mea slăbită îmi provoacă liniștea; sunt o barbară
care nu cunoaște decât suferința.
Doamne, privesc cerul; ești un monstru pe care nu îl
pot înțelege.

la comprensión azul, con rojo, con rosa, un poco de negro,
un poco de poesía y un reloj púrpura.
camino entre los árboles tan rectos y pienso
en el pelo que nunca volveré a tener.

las manos me desafían: soy una extraña sin manos.
mi rostro demacrado desafía mi quietud: soy una bárbara
que tan solo conoce el sufrimiento.
Señor, miro al cielo: eres un monstruo
al que no puedo comprender.

GRECUL ARS

Nimic nu mi se pare prea mult; poate o mână care
înlocuiește melancolia; și mâna dinăuntru, fără sfârșit.
grecul ars a cărui sandală a rămas integră
în focul cu sunet de ghitară rece.
în frigul care se destramă caut bucuria, Doamne.
mi-am provocat eșecul, poezia și moartea; îmi provoc,
acum, pielea, părul negru și sângele.
fără cer cu cerul în față.
fără iubire cu iubirea în față.
urma pe care tu o transformi în animal de pradă.
plec pe urmele tale cu ochii întunecați de ură.
întuneric în plină lumină.
noapte în zorii zilei care începe.
noapte și întuneric în cuvinte;

numai în cuvintele mele.

EL GRIEGO QUEMADO

Nada me parece demasiado; tal vez una mano que
reemplaza a la melancolía; y la mano interior, infinita.
el griego quemado cuya sandalia permaneció intacta
en el fuego que sonaba abatido como una guitarra.
Señor, en el frío que se deshilacha busco el júbilo.
incité mi fracaso, la poesía y la muerte; incito
ahora mi sangre, mi pelo negro y mi piel.
sin cielo con el cielo delante.
sin amor con el amor delante.
la huella que tú conviertes en animal de presa.
sigo tus pasos con ojos sombríos de odio.
oscuridad en plena luz.
noche en el alba que nace.
noche y oscuridad en las palabras;

solo en mis palabras.

DEPARTE, ÎNTRE DOI STRĂINI

Ai scris despre Argentina și despre covorul pe care
mi l-a dăruit mama, ca despre niște morți.
eu privesc dincolo de noi; pe drumul care ne desparte
doi străini înaintează ținându-se de mână, fără să știe.
drumul, este, de fapt, o obsesie.
cerul a devenit un animal care nu mai poate muri
niciodată.
scriu din neputință.
copilul care deschide porțile rodeoului sunt eu.
viața nu îmi aparține. poezia nu îmi aparține.

cei virili pregătesc armele pentru a coborî totul.

LEJOS, ENTRE DOS EXTRAÑOS

Escribiste sobre Argentina y sobre la alfombra que
mi madre me regaló, como si de muertos se tratase.
yo miro más allá de nosotros; en el camino que nos separa
dos extraños avanzan, sin saberlo, cogidos de la mano.
el camino es, en verdad, una obsesión.
el cielo un animal que no puede morir
nunca.
escribo por impotencia.
el niño que abre las puertas del ruedo soy yo.
la vida no me pertenece. la poesía no me pertenece.

los viriles preparan las armas para derribarlo todo.

ALTĂ ZI DE TOAMNĂ

Mi-e teamă că fața mea se desprinde.
mi-e teamă că mâine voi fi alta.
dar acum, aici, privesc pădurea de brazi
ca pe un refuz.
nu pot accepta, peste mine, plămânii tăi goi.
din nordul Europei se întoarce un copil care,
odinioară,
mi-a sfâșiat părul.
dinspre Balcani, vii tu, fără cruce,
și îmi șoptești; nimic nu mai este între noi.

nimicul, ortodoxia, toleranța, moartea.

OTRO DÍA DE OTOÑO

Temo por mi rostro desprendido.
temo por ser otra el día mañana.
pero ahora, aquí, veo el bosque de abetos
como un rechazo.
no puedo aceptar tus pulmones vacíos sobre mí.
desde el norte de Europa regresa un niño que,
antaño,
me arrancó el pelo.
desde los Balcanes llegas tú, sin cruz,
y me susurras: ya no hay nada entre nosotros.

la nada, la fe ortodoxa, la tolerancia, la muerte.

ACUM, ÎN ÎNTUNERIC

Acum, în întuneric, mă urc pe mâna ta violetă
și îmi simt cuvintele printre coapse.
în această dimineață te voi trezi și îți voi spune;
pleacă definitiv din casa cu păianjeni de cristal.
pleacă precum un străin.
nebunia mea este mai aproape de moarte
decât de poezie.
icoana din dreapta, atârnată, nu mai are chip; sărutul
celor săraci a ros imaginea până la lemn.
un sat în care am început să mă cunosc
este satul în care tu ai cules zmeură neagră.
acolo, departe, râsul nostru a fost greșit.
alt copil își sărută mâinile; altă moarte.

AHORA, EN LA OSCURIDAD

Ahora, en la oscuridad, trepo por tu mano púrpura
y siento las palabras entre mis muslos.
por la mañana te despertaré y te diré:
vete para siempre de la casa de las arañas de cristal.
vete como un extraño.
mi locura está más cerca de la muerte
que de la poesía.
el icono de la derecha, colgado, ya no tiene rostro; el beso
de los pobres ha carcomido la imagen hasta la madera.
es la aldea donde empecé a conocerme,
la aldea donde recogiste frambuesas negras.
allí, lejos, nuestra risa estaba equivocada.
otro niño besa sus manos; otra muerte.

PAVILIONUL NEBUNILOR

Pe drumul care duce spre pavilionul nebunilor
îmi port sângele de pe tălpi
și nu îmi pot adânci înstrăinarea.
Doamne, nu mai pot crede. am uitat
să-mi spăl cearșaful negru care mă strânge.
sunt sora lui Lazăr, care nu mai poate învia.
pentru mine nu există decât umbra.
pentru mine nu există decât nebunia.
alb ca varul este pavilionul pe care îl iubesc ca pe mine
însămi.
acolo drogul. acolo violența. acolo sexul. acolo
cuvintele.

în soare, un câine se culcă liniștit
la picioarele unui nebun, stăpân, care cântă.

EL PABELLÓN DE LOS LOCOS

De camino al pabellón de los locos
llevo sangre en las plantas de los pies
y mi enajenación no puede ser más honda.
Señor, ya no puedo creer. olvidé
lavar la sábana negra que me oprime.
soy la hermana de Lázaro, que ya no resucita.
para mí solo hay sombra.
para mí solo hay locura.
blanco como la cal es el pabellón que amo como a mí
misma.
allí la droga. allí la violencia. allí el sexo. allí
las palabras.

al sol, un perro duerme tranquilo
a los pies de un loco, de un amo, que canta.

JURĂMÂNTUL

Călugărița își dezleagă jurământul;
acum începe masacrul și frica.
să fii ceea ce nu ești nu este ușor.
dar să fii ceea ce ai devenit este cumplit.
un înger pe care îl văd îmi taie drumul.
un înger pe care nu îl văd
îmi dăruiește vasul de fier
pe care să îl umplu cu sânge.
un înger, bolnav, îmi spune
că iubirea și ura nu au sfârșit.

va veni ziua în care îmi voi desena cuvintele pe care
nu le mai pot rosti.

VOTOS

La monja rompe sus votos;
ahora comienza la masacre y el miedo.
ser lo que no eres no es fácil.
pero ser lo que has llegado a ser es terrible.
un ángel visible me corta el paso.
un ángel invisible
me da el vaso de hierro
para llenarlo de sangre.
un ángel enfermo me dice
que el amor y el odio no tienen fin.

llegará el día en que dibujaré las palabras que
ya no puedo pronunciar.

FUMUL ÎNTUNECAT AL SFÂRȘITULUI

„Nu trece cu vederea partea Ta pe care ai
răscumpărat-o pentru Tine”
din patria vieții noastre.

și fumul întunecat al sfârșitului de secol
anunță Timpul.
cadența, fascistă, a umilinței, pe care cei mulți
au înțeles-o.
sunete de gheață se prăbușesc în sângele meu;
acolo se odihnește un șarpe al melancoliei.
când voi veni, mă voi întoarce.
și când mă voi ruga, voi uita mila.
niște călugărițe își ating pielea,
cu sexul.

nu-mi trebuie hrană; acum, cu mâinile,
distrug.

EL HUMO OSCURO DEL FINAL

«No pases por alto Tu parte, la que has
redimido para Ti»
de la patria de nuestra vida.

y el humo oscuro del fin de siglo
anuncia la Hora.
la cadencia fascista de la humildad que muchos
comprendieron.
sonidos helados se estrellan en mi sangre,
donde descansa una serpiente de melancolía.
cuando llegue, regresaré.
y cuando rece, olvidaré la misericordia.
algunas monjas se rozan la piel,
con el sexo.

no necesito alimento. ahora mis manos
destruyen.

LUMINA

Primul pas, în plin soare,
al singurătății,
lăsând în urmă, câmpul de luptă,
războinic în ceață.
mâinile ating, fără nici o ezitare
pădurea de brazi îmi șterge fața.

Coiful de Fier Cântă Liber pe Piele.

aproape sânge.
cu fața la zid, cântece precise
într-un spațiu din ce în ce mai îngust.

cheiul se unește cu zidul
acolo unde trădătorii,
sub cerul cel mai albastru...

LA LUZ

El primer paso del desamparo,
a plena luz del día,
deja atrás el campo de batalla,
a los guerreros en la niebla.
las manos tocan sin titubeos
el bosque de abetos que limpia mi rostro.

el Casco de Hierro Canta Libre sobre mi Piel.

casi sangre.
de cara al muro, canciones precisas
en un espacio cada vez más estrecho.

el muelle se une al muro
donde yacen los traidores,
bajo el más azul de los cielos…

ÎNAINTEZ, GREU

Înaintez, greu, în lanul subteran al unui
câmp necunoscut
de câte ori îmi este frică îmi amintesc
sexul; fără nici o îndoială, sunt Bâlbâitul.
hei, drumul plin de praf al crimei.
hei, legile de fier ale poeziei.
hei, lumina care îmi arde fruntea.

pe creier, Arhitectul îmi proiectează,
cu grijă, puțină poezie,
în plin soare.

vasul de fier.

AVANZO CON DIFICULTAD

Avanzo con dificultad entre los surcos
de un campo desconocido.
siempre que tengo miedo recuerdo
el sexo; sin duda, soy el Tartamudo.
mira, el polvoriento camino del crimen.
las leyes de hierro de la poesía.
la luz que quema mi frente.

en mi cerebro el Arquitecto proyecta
con cuidado un poco de poesía
a pleno sol.

el vaso de hierro.

VIOLENȚA ARMELOR

Doamne, câtă melancolie; suntem, fără să atingem,
violenți; sânge uscat pe pereții înalți.
am așezat puritatea în vene.
am zdrobit-o cu fața de zid.
și nu pot vedea nici o picătură de sânge.
ca un animal de rasă, plăcerea de a simți
îmi distruge iubirea.
mă joc cu animalul pe care nu îl văd.
îmi adâncesc mâinile în gura lui îngustă.
degetele albe se plimbă, simplu și precis,

Armele.

LA VIOLENCIA DE LAS ARMAS

Señor, cuánta melancolía; somos, sin tocarnos,
violentos; sangre seca sobre los muros altos.
hemos puesto pureza en nuestras venas.
hemos aplastado su rostro contra la pared.
y no puedo ver ni una gota de sangre.
como un animal de raza, el placer de los sentidos
destruye mi amor.
juego con el animal invisible.
hundo mis manos en sus fauces estrechas.
mis dedos blancos caminan, sencillos y precisos,

como Armas.

CUVÂNTUL CARE MĂ TULBURĂ

În apropierea unei anumite zile, sunt multe ziduri
care putrezesc în lumină; mai multe sunt cele care
sunt abandonate în umbră.
întunericul se înalță, ca o sondă, spre
cerul ireversibil.

„căci cu plăcere m-aș fi apucat să sărut
tălpile picioarelor lui”
dar timpul șterge religia feței mele.
timpul se înalță, ca un animal.
se înalță pe armă.

sunt într-o biserică; nu mai trebuie să urlu.
violența sunt eu. biserica, înafară.
criptele, vitraliile, infirmii
și cei care au plecat.
când îmi amintesc cuvântul care mă tulbură;
acum, aici, înăuntru.

LA PALABRA QUE ME PERTURBA

Son muchos los muros que, cuando llega el día,
se pudren en la luz; más aún
los abandonados en la sombra.
la oscuridad se eleva, como un halo, hacia
el cielo irreversible.

«con gusto me hubiera inclinado a besar
las plantas de sus pies»
pero el tiempo borra la religión de mi rostro.
el tiempo se eleva, como un animal.
se eleva sobre el arma.

estoy en una iglesia; ya no necesito gritar.
la violencia soy yo. la iglesia, el afuera.
las criptas, los vitrales, los lisiados
y los que partieron.
recuerdo la palabra que me perturba;
ahora, aquí, dentro.

INSTRUMENTE CARE NU ATING

Instrumentul care mă atinge nu mă interesează.
mai mult păsări au fost ucise
într-un loc prea înalt; acolo am înțeles crima.
căci poeziile mele, sunt, uneori, lucide.
să picure sânge. să se înalțe, ca un taur, focul.
să vină fratele meu pe care
nu-l voi cunoaște niciodată.
în ușă, străinul, să cânte cu noroi pe gură.

în ușa casei tale, să mă târăsc.

INSTRUMENTOS QUE NO SE ACERCAN

El instrumento que se acerca no me interesa.
también hubo pájaros asesinados
en un lugar elevado; allí comprendí el crimen.
porque mis poemas son, a veces, lúcidos.
que mane la sangre. que el fuego se alce, como un toro.
que venga el hermano que nunca
llegaré a conocer.
que cante en el umbral el extraño con barro en la boca.

que yo me arrastre en el umbral de tu casa.

CASA CU PEREȚII ALBI

Casa pe care nu o voi mai avea
stă, cutremurată, în mijlocul unei lumi
pierdute.
ocolul, inexorabil, al unui zid;
un zid indiferent.

covorul negru, de o stridență ușor atenuată
acoperă sângele care a intrat în lemnul vechi.
un tablou de fier acoperă fereastra.
fără pereții albi, liberă, aleg o splendoare
care nu există.
fără casă, un singur preț; șobolanul care închide.

acolo am scris puțină poezie, atunci
când copilul, încă, nu avea sex.

LA CASA DE LAS PAREDES BLANCAS

La casa que ya no será mía
se yergue, temblorosa, en el centro de un mundo
perdido.
circundar inexorablemente un muro;
un muro impasible.

la alfombra negra, de una estridencia apaciguada,
cubre la sangre que penetra la madera vieja
y un cuadro de hierro tapa la ventana.
libre, sin paredes blancas, elijo un esplendor
que no existe.
sin casa, un único precio: la rata que la cierra.

escribí allí un poco de poesía, cuando
el niño, aún, no tenía sexo.

ÎN ACEASTĂ TOAMNĂ

În această toamnă, cerul a fost puțin mai negru
decât altădată; cuvintele erau obosite
iar mâinile celui care s-a drogat
au întrecut orice măsură.
„numărul, rânduiala și slujba leviților; douăzeci și
patru de mii
să lucreze".
îmi este greu să accept că plămânii mei sunt tatuați
cu litera S; Strigătul, Senzualitatea,
Sacrificiul, Sofistul.

și soarele meu este fratele pe care
nu-l voi cunoaște niciodată.
și lumina mea este un alt sistem mecanic
al unui orb.
și umilința; și ura.

acum, fără nici o urmă.

ESTE OTOÑO

Este otoño el cielo se puso más negro
que hace tiempo; las palabras estaban cansadas
y las manos de los drogadictos
se habían pasado de la raya.
«de entre los levitas, veinticuatro
mil supervisarán
el trabajo».
me cuesta aceptar que mis pulmones lleven tatuada
la S: el Sollozo, la Sensualidad,
el Sacrificio, el Sofista.

y mi sol es el hermano que nunca
llegaré a conocer.
y mi luz es el sistema mecánico
de un ciego.
y la humillación. y el odio.

ya sin rastro.

CORURI RUSEȘTI

De ce aceste coruri rusești sunt cuvinte;
evanescente, fetițe fără trup.
îți amintești,
Oglinda și Lampa imensă sub care plămânii mei
au fost tăiați, cu un folos necunoscut,
desigur.
am urcat treptele, tăcute, ale pădurii de brazi
și am plâns cu lacrimi de băiat,
am purtat un cuțit mic, pretutindeni.
dincolo, în stepă, încă arde calul împușcat
al tatălui meu
atunci când războiul mai avea un sens.
o lumină rece îmi arde cuvintele.

în Orient, poate, ar fi posibil.

COROS RUSOS

Por qué estos coros rusos son palabras;
niñas evanescentes sin cuerpo.
recordarás
el Espejo y la enorme Lámpara bajo la cual mis pulmones
fueron abiertos, para un uso desconocido,
por supuesto.
subí los peldaños silenciosos del bosque de abetos
y lloré con lágrimas de niño,
llevaba una navaja a todas partes.
más allá, en la estepa, arde el caballo
de mi padre
fusilado cuando la guerra aún tenía sentido.
una luz fría abrasa mis palabras.

en Oriente, tal vez, todo sería posible.

ÎNGERUL MORȚII

„Aur, argint, aramă și fier ai cât nu se poate
cântări”
dar, totuși, despărțirea îndepărtată,
ca un lanț, egal, al eșecului.
să nu mai porți nimic pe craniu.
să porți craniul în sânge.
„atunci a zis Domnul către înger;
pune-ți sabia în teacă!”
și am atins sabia cu mâna; era lucioasă și precisă
ca un înger al morții.

EL ÁNGEL DE LA MUERTE

«Del oro, de la plata, del bronce y del hierro
no hay límite»
y sin embargo, a lo lejos, la despedida,
como una constante cadena de fracasos.
para no llevar nada en el cráneo.
para llevar el cráneo en la sangre.
«entonces dijo el Señor al ángel:
envaina tu espada».
y toqué la espada con la mano: reluciente y precisa
como el ángel de la muerte.

HEI, TU, JOC DE BĂIAT

Hei, tu, joc de băiat, bâlbâit,
floare cu spini
neagra mea metafizică.
o urmă fină, vinovată, pe cer,
îmi arată drumul.
eu spun așa; cei care cântă acum sunt veșnici.
undeva, pe cer, îmi apropii trupul în flăcări.
hei, tu, moarte, bucurie.

răbdarea de a scrie despre moarte.

EY, TÚ, JUEGO DE NIÑOS

Ey, tú, tartamudo, juego de niños,
flor con espinas,
mi negra metafísica.
una huella sutil, culpable, en el cielo,
me muestra el camino.
yo digo: los que ahora cantan son eternos.
acerco mi cuerpo en llamas a algún lugar del cielo.
ey, tú, muerte, alegría.

la paciencia de escribir sobre la muerte.

NEGRESELE, TOAMNA

Cobor în melancolie cu umilință.
într-un oraș necunoscut, aceeași negresă
urlă un cântec de gheață.
fără cuvinte îmi introduc negresa în creier
cu mâinile pline de sânge
gura ei senzuală, ca o fântână, îmi atinge poezia.
dar sora mea este albă.
cum aș putea, acum, când moartea îmi atinge
părul.
flori negre îmi intră în gură
fără să le mai cunosc forma, culoarea și binecuvântarea.

biserica se umple; credincioșii rămân pe loc.
străinii se împrăștie.

LAS NEGRAS, EN OTOÑO

Desciendo a la melancolía con humildad.
en una ciudad desconocida, una negra
aúlla una canción helada.
sin palabras, con las manos llenas de sangre,
sumerjo a la negra en mi cerebro.
su boca sensual, como una fuente, toca mi poesía.
pero mi hermana es blanca.
cómo podría, ahora que la muerte acaricia
mi pelo.
flores negras crecen en mi boca
sin que yo conozca su forma, su color o su gracia.

la iglesia se llena; los fieles permanecen inmóviles.
los extraños se dispersan.

EU SUNT PENTRU CAPRICIUL MEU

Am să încerc să-mi calc jurământul într-o chilie
și gestul deznădejdii mele să se izbească
să-mi taie venele pe care nu le mai vreau.

cuvintele sumbre sunt sexul.
când voi putea fi eu însămi, va fi umbră.
sunt câteva distrugeri; câteva cuvinte.
saxofonul se umple de sânge.
undeva, pe cer, melancolia noastră ne atinge.

infirmi și necunoscuți.

SOY PARA MI CAPRICHO

Romperé mis votos en una celda,
arrojaré el gesto de mi desesperación
y me cortaré las venas que ya no quiero.

las palabras sombrías son el sexo.
cuando pueda ser yo misma, habrá sombra.
algunas destrucciones; algunas palabras.
el saxofón se llena de sangre.
en algún lugar del cielo, la melancolía nos roza.

lisiados y desconocidos.

SEMNE DE CĂLUGĂR

Aş putea fi un înger, dar cu burta spintecată
acum, în seara plină de cântecele vesele ale celor
singuri
în casa plină de icoane şi cruci
aduse tocmai din Rusia, în iarna în care m-am retras
pentru totdeauna
şi chiar înţelesesem mecanismul ceasului de argint
pe care îl purtam pe piept.

cu evlavie şi bunăcuviinţă îmi retez punţile
acele cuvinte pe care numai în tăcere le-aş putea
pronunţa şi nici chiar în tăcere
tăcerea însăşi se umple de sângele meu
şi atunci

îmi atârn semnele de călugăr, pe umeri.

SEÑALES DE MONJE

Podría ser un ángel con el vientre destripado
esta tarde llena del canto alegre
de los solitarios,
en la casa llena de cruces e iconos
traídos de Rusia el invierno en que me retiré
para siempre
y hasta entendí el mecanismo del reloj plateado
que llevaba en el pecho.

con piedad y benevolencia corto mis puentes,
aquellas palabras que solo en silencio podría
pronunciar y ni siquiera en silencio,
el silencio mismo se llena de mi sangre
y entonces

me cuelgo las señales de monje sobre los hombros.

DE CE SĂ VORBIM

De ce să mai vorbim despre moarte și demență
când vine cineva pe furiș și îți face scamatorii
ca să zic așa, orientale. sau despre poezie...

se înalță, din întuneric, o umbră.
pe treptele mele roșii se ascund niște umbre.
pe ușa de piatră din cameră se adâncește o umbră.

dar de ce să mai vorbim despre toate aceste lucruri
acum, când cineva se întinde până aici
și-și joacă, cu nepăsare, într-un mod oriental aș spune
ultima carte.

POR QUÉ HABLAR

Por qué hablar de muerte o de locura
o de poesía… cuando alguien llega a hurtadillas
y hace, por así decirlo, trucos orientales.

una sombra se alza en la oscuridad.
en los peldaños rojos se esconden otras sombras.
en la puerta de piedra del cuarto otra se acentúa.

pero por qué hablar de estas cosas ahora,
cuando alguien llega hasta aquí
y juega, acaso con indiferencia, a la manera oriental,
su última carta.

VALEA ÎNSÂNGERATĂ

Ar fi trebuit să mă ascund. acesta este ultimul adevăr
pe care îl mai pot accepta, fără nici o ezitare.
pe drumul care duce spre muntele care pare albastru
nu voi mai putea
urca.
pe drumul care coboară spre valea care pare
însângerată
mă prăbușesc mereu.
mă întâlnesc, în drum, cu cerșetorii, cu copiii,
cu cei săraci cu duhul, cu infirmii, cu animalele
cu bolnavii.
sunt suferindă dar mila mea este rece.
sunt pătimașă dar rănile mele sunt albe.
îmi provoc alienarea dar sexul meu atât de negru
mă copleșește.
sunt ceea ce nu sunt.
pe o piatră. uscată îmi pun mâinile să ardă.
fumul îmi răcorește fruntea.

EL VALLE ENSANGRENTADO

Debería haberme escondido. esta es la última verdad
que aún puedo aceptar sin titubeos.
por el camino azul que lleva a la montaña
ya no podré
subir.
por el camino ensangrentado que lleva
al valle
me desplomo a cada paso.
encuentro mendigos, niños,
pobres de espíritu, inválidos, animales
y enfermos.
sufro, pero mi compasión es fría.
me apasiono, pero mis heridas son blancas.
me distancio de mí misma, pero mi sexo tan negro
me abruma.
soy lo que no soy.
seca, pongo mis manos a arder sobre una piedra.
el humo refresca mi frente.

ÎNTOARCEREA

Se va întoarce precis și petele de pe fața ei
insalubră îmi vor aminti de scenele prin care
Shakespeare își încheia tragediile, Doamne, atât de
sumbre.
cu mâinile înfășurate în jurul coapselor
îmi opresc sângele să țâșnească.
gura îmi este, pe dinăuntru, ca o pajiște arsă.
până și pielea se va termina
nu peste mult timp, întinsă cum este peste o cruce
care se înalță din nimic spre nimic
o cruce adevărată, din lemn aspru de brad
bătută în cuie de fier.

aici, înăuntru.

EL REGRESO

Ella regresará y las manchas en su rostro
insalubre me recordarán las últimas escenas
de las tragedias de Shakespeare, Señor,
tan sombrías.
rodeo mis muslos con los brazos
para impedir que brote la sangre.
por dentro, mi boca es pasto quemado.
incluso la piel se agotará
dentro de poco, estirada sobre una cruz
que se eleva desde la nada hacia la nada,
una cruz verdadera, de madera ruda de abeto,
clavada con clavos de hierro.

aquí, dentro.

TE AȘTEPT PE TINE

Te aștept pe tine, copil venit din dragoste pentru viață
dar tu ești viață și moarte, împreună, cu sufletul
în gură, ca un miel care suge lapte.
până și eu mai sunt încă mielul mamei mele,
alb și uscat, rănit în piept, cu sângele
țâșnindu-i printre buzele moi și roze
mielul cuvintelor care rămân ca niște dâre de foc.
te aștept blândă și supusă ca o fiară
ținută în cușcă, fără mâncare și fără iubire
timp de patruzeci de zile sau patruzeci de luni.
sunt blândă și supusă ca o fiară ținută în cușcă,
tu ești mielul doldora de sânge.

TE ESPERO A TI

Te espero a ti, niño nacido del amor
a la vida,
pero tú eres vida y muerte juntas, con el alma
en la boca como un cordero lechal.
también yo soy el cordero de mi madre,
blanco y seco, herido en el pecho, con sangre
brotando de los labios suaves y sonrosados,
un cordero de palabras, estelas de fuego que perduran.
te espero mansa y sumisa como una fiera
enjaulada, sin comida ni amor
durante cuarenta días o cuarenta meses.
soy mansa y sumisa como una fiera enjaulada,
tú eres el cordero repleto de sangre.

ACEASTĂ NOAPTE

Această noapte însetată de dragoste
îmi țâșnește din piept precum atunci, de mult,
când încă foarte tânără scuipam sânge pe pereții
plini de fum ai spitalului din vârful muntelui.
în plimbările mele rătăcite și bolnave
drumul printre brazi izbucnea direct din plămâni
ca un arc de argint înmuiat în rășină
sau poate ca un cuvânt care provoacă actul sexual
sau, mai exact; plăcerea pură.

un șobolan mă urmărește pretutindeni.

LA NOCHE

La noche sedienta de amor
brota de mi pecho como antaño,
cuando aún joven escupía sangre en las paredes
humeantes del hospital en la cima de la montaña.
en mis paseos erráticos y enfermos
el sendero de abetos se abría en mis pulmones
como un arco de plata bañado en resina
o tal vez como una palabra que incita al sexo,
o, más bien, al placer puro.

una rata me sigue a todas partes.

FLOAREA SOAREULUI

În ziua în care te-am atins (cred că era primăvară,
ca și acum, când scriu) aș fi răcnit
aș fi înnebunit
dacă nu aveam cuțitul în gură.
în ziua în care m-ai atins, am visat; că nu am PUTERE.
cu pași reci deznădejdea îmi înroșește drumul.

în umbra copacului, spre seară, lumina unui singur
cuvânt
se rotește, încet, ca o floare a soarelui.

cei care pleacă acum sunt primii; în biserica
pe care au construit-o poeții cei mai săraci.

GIRASOL

El día que te toqué (creo que era primavera,
como ahora, mientras escribo) hubiera aullado,
o enloquecido
si no hubiese tenido el cuchillo en la boca.
el día que me tocaste, soñé que no tenía PODER.
con pasos fríos, la desesperación enciende mi camino.

a la sombra de un árbol, al atardecer, la luz de una sola palabra
da vueltas despacio, como un girasol.

en la iglesia que construyeron los más pobres de los poetas
los que ahora se van son los primeros.

STRĂINA

S-ar putea să fie străina care plânge
cu o decență și o discreție
mai mare decât plânsetul însuși
deoarece o străină este aceasta care vine
spre înăuntru cu toată forța, cu sângele șiroindu-i
pe tâmple și piept
nesigură și înfometată.
deoarece numai o străină a ajuns la porțile
obosite ale pielii
care în curând se destramă
și numai o străină se adâncește în lacul
propriului său nume până la demență.

acolo, mormântul PUTERII.
acolo, lăcașul sigur al morții.
acolo, se închide și se deschide
CARTEA.

LA EXTRAÑA

Acaso sea la extraña la que llora
con una decencia y discreción
mayores que su propio llanto
porque una extraña es la que se adentra
con fuerza, con la sangre resbalando
por sus sienes y su pecho,
insegura y hambrienta.
porque solo una extraña llega a las puertas
cansadas de la piel
que se desmorona
y solo una extraña se sumerge en el lago
de su propio nombre hasta la locura.

allí, la tumba del PODER.
allí, la morada segura de la muerte.
allí, se cierra y se abre
el LIBRO.

MÂINI LUNGI CA FOCUL

Băiatul se joacă cu el însuși și-și îmbrățișează
pieptul plăpând. cu mâinile lungi ca focul,
el mângâie,
el înconjoară, el delimitează cu o plăcere
de mare handicapat, timpul. băiatul se bâlbâie
și gura lui frumoasă în acele clipe de nesiguranță
se înroșește ca sângele
o, băiatul rostește cuvinte și tăcerea îi dă târcoale
tăcerea roșie ca porcul jupuit în plină sărbătoare
un clopot atârnă de urechea lui fină; băiatul îl prinde cu mâinile
și-l aruncă între coapse. noi suntem aproape.
clopotul obosește vestind neputința călugăriței care
este sora băiatului
cu fierul ascuțit al zilei care vine
băiatul și sora își taie o cruce pe mâini
băiatul se joacă cu el însuși și-și îmbrățișează
cele trei mâini.

MANOS LARGAS COMO EL FUEGO

El niño juega consigo mismo y abraza
su pecho delicado. con las manos largas como el fuego
acaricia,
rodea, delimita con el deleite
de un gran inválido el tiempo. el niño tartamudea
y su hermosa boca en esos momentos de incertidumbre
es del color de la sangre.
oh, el niño pronuncia palabras y el silencio merodea,
el silencio rojo como un cerdo desollado un día de fiesta.
una campana cuelga de su oreja fina; el niño la coge
con las manos
y la arroja entre sus muslos. estamos cerca.
la campana se agota de proclamar el desamparo de la
    monja
que es la hermana del niño.
con el hierro afilado del día de mañana
el niño y la hermana se tallan una cruz en la mano,
el niño juega consigo mismo y abraza
sus tres manos.

LEGENDA DESPRE CIFRE

Mama este sora și sora este fiul și fiul sunt eu
noi trei suntem patru dar legenda despre cifre
este atât de îndepărtată încât mă cutremur.
strivesc păianjenii negri, adunați câte unul,
    în colțurile
de sus
ale casei. îi strivesc cu degetele mele din care picură
sânge
păianjenii își deschid gura și înghit sânge.

semne de călugăriță, apar, luminoase, pe drumul
care duce spre spitalul din vârful muntelui.
semne ca niște fire de nisip aruncate cu o precizie
înfricoșătoare.
sunt cuvintele care au fost cuvinte înainte de a fi
cuvinte
căci drumul spre spital este drumul care duce
spre cripta îngustă, a sexului, îngropat în pământ, al
casei,
acum prăbușită. o casă ale cărei fotografii sunt pline
de cuvinte.
casa atârnă de pereții veseli aruncați departe

LA LEYENDA DE LOS NÚMEROS

La madre es la hermana y la hermana es el hijo y el hijo
    soy yo,
los tres somos cuatro pero la leyenda de los números
es tan antigua que me estremezco.
aplasto las arañas negras amontonadas
en las esquinas más altas
de la casa. las aplasto con dedos que gotean
sangre,
las arañas abren la boca y se la tragan.

aparecen luminosas señales de monja en el camino
que lleva al hospital en la cima de la montaña,
señales como granos de arena arrojados con una
    precisión
aterradora.
son palabras que fueron palabras antes de ser
palabras
porque el camino que lleva al hospital es el camino
a la cripta estrecha del sexo enterrado en la tierra,
a la casa
ya derrumbada. sus fotografías están llenas
de palabras.
la casa pende de las paredes alegres lanzadas lejos,

îndepărtați de prăpastia în care spitalul strălucește
precum gura călugăriței.

păianjenii se urcă pe umerii ei de fier.

lejos del abismo donde el hospital resplandece
como la boca de la monja.

las arañas trepan por sus hombros de hierro.

VIS CU SÂNGE

A venit timpul când, noaptea, mă scald în sudoare.
visul vestește, mereu, fără încetare, colorat cu
mult roșu: pereții sunt roșii de sânge.
pereții pentru care tatăl meu, negru și nebun, a murit
ars.
acum, acolo, o rasă blondă, lipsită de durere,
își pregătește, fără violență, tăcerea.
îmi strecor mâinile pe sub ușa care, odinioară,
mă închidea împreună cu fiul în locul îngropat
în proprii mei plămâni, între coapsele mele
bolnave și umile ce ascundeau frica: de plăcere.

dar plăcerea, acum, este un vas negru în care
îmi picur lacrimile lungi din peștera întunecată
a morții; căci moartea mea este o peșteră în care
timpul a devenit sclavul, în lanțuri,
care tace.

dincolo, pădurea de mesteceni, neclintită.

SUEÑO CON SANGRE

Ha llegado el momento. de noche me baño en sudor.
teñido de rojo el sueño presagia, sin cesar,
las paredes rojas de sangre.
negro y loco, mi padre, quemado, dio la vida
por esas paredes.
ahora, una raza rubia, exenta de dolor,
proyecta sin violencia su silencio.
deslizo mis manos bajo la puerta que, antaño,
me encerró junto a mi hijo en el lugar enterrado
en mis propios pulmones, las deslizo entre mis muslos
enfermos y humildes que esconden el miedo al placer.

el placer es un vaso negro en el que gotean
mis lágrimas largas desde la cueva oscura
de la muerte; porque la muerte es una cueva
en la que el tiempo se convierte en un esclavo encadenado
que calla.

más allá, el bosque de abedules, inmóvil.

DEALURILE ÎNCONJOARĂ TĂCEREA

În orașul acum pustiu dealurile înconjoară tăcerea
se prăbușesc în tăcere
strivesc animale mărunte care-și căutau hrana.
îmi amintesc râul care tăia în două orașul
râu în care am crescut împreună cu nămolul rece
din care se ridicau flori albe ca zăpada.
pe ochii mei orientali picură sânge
din boala care-mi macină plămânii.
ah, plămânii mei verzi ca focul, pe care
îi țin în mâini și clopotele se adăposteau sub ei
precum sub un cer plin de nori negri.

nu mai sunt decât oarba cu plămânii
atinși de boală care rătăcește.
a venit timpul să opresc timpul.

LAS COLINAS RODEAN EL SILENCIO

En la ciudad desierta las colinas rodean el silencio,
se desploman en ese silencio
y aplastan a los animales pequeños que buscan comida.
recuerdo el río que cortaba la ciudad en dos,
el río donde crecí junto al barro fresco
del que brotaban flores blancas como la nieve.
la enfermedad carcome mis pulmones
y gotea sangre de mis ojos orientales.
ay, sostengo en las manos mis pulmones
verdes como el fuego y las campanas se cobijan
como debajo de un cielo de nubes negras.

ya solo soy la ciega errante con los pulmones
tocados por la enfermedad.
ha llegado el tiempo de detener el tiempo.

LACUL NORVEGIAN

În părul tuns al călugăriței care se apropie
se încolăcesc viermi și sângele de pe pielea capului ei
curge printre viermi fără să-i atingă. acolo,
uneori, este locul și timpul celei care scrie într-o limbă
care se luptă cu iubirea.

mâinile călugăriței sunt slabe, neputința ei este
transparentă, neputința ei este un lac albastru
în care nu există pești…
chipul ei nici măcar nu se mai răsfrânge în apa curată
atât este de palid.

sexul călugăriței atinge apa lacului
și atunci, fața ei care nu există
se prăbușește
pe suprafața neclintită.

LAGO NORUEGO

En el pelo corto de una monja que se acerca
los gusanos se enroscan y la sangre de su cuero cabelludo
fluye sin tocarlos. se trata
a veces del lugar y el tiempo de la que escribe
en una lengua
que lucha con el amor.

las manos de la monja son débiles, su impotencia es
transparente, su impotencia es un lago azul
en el que no hay peces…
tan pálido, su rostro ni siquiera se refleja
en el agua clara.

el sexo de la monja toca el lago
y entonces su rostro que no existe
se desploma
sobre la superficie inmóvil.

ADUC CUVINTE PE TAVA PLINĂ DE MĂRUNTAIE CALDE

Sălbăticia mea este atât de mare încât
îmi pot smulge mâinile
îmi pot desprinde gura mea roșie
îmi pot aduce cuvintele pe tava pe care
sunt aduse măruntaiele calde.

și lăcomia de sânge cald
este mult mai puțin sălbatică decât
sălbăticia mea atunci când îmi provoc
în fața peretelui, lacul în care îmi introduc,
până la sânge, sexul.

amintirea peretelui este mai sălbatică decât
oglinda în care îmi privesc chipul atunci când
mă rog. oglinda rece o sparg pe piept
seara, când clopotele vestesc liniștea adâncă a nopții
când întunericul îmi ascunde chipul atât de sălbatic
și atunci.

TRAIGO PALABRAS EN UNA BANDEJA DE ENTRAÑAS CALIENTES

Mi salvajismo es tan grande que
puedo arrancarme las manos,
puedo quitarme la boca roja,
puedo traer mis palabras en una bandeja
de entrañas calientes.

incluso la codicia de sangre caliente
es mucho menos salvaje que
mi salvajismo cuando frente a la pared
invento un lago en el que sumerjo
mi sexo hasta la sangre.

el recuerdo de la pared es más salvaje que
el espejo en el que miro mi rostro cuando
rezo, el espejo frío que rompo en mi pecho
al atardecer, cuando las campanas anuncian la profunda
    quietud de la noche,
cuando la oscuridad oculta mi rostro tan salvaje,
y también entonces.

CEI CARE NU SE MAI POT ÎNTOARCE

Nu-mi amintesc decât tăcerea.
o brățară din argint curat s-a lipit de piele până la sânge.
dezlipită, o port ca pe un mic steag al unei ființe aspre.
mâna descoperită se prăbușește în apa de botez
a celui care pleacă pentru totdeauna.
tu nu mai ești decât slava; aș putea spune chiar;
slava cerului.
eu sunt sclava care atinge pământul.
care se luptă cu pământul. sunt una cu pământul.
cu mâinile în jurul capului cumplit de singur
îmi strâng venele pe care le mai am;
sângele care este privit
acolo, seara, în plină lumină a unui lac
pustiu
în care se adună, spre mijloc, nebunii, călăii
și cei care nu se mai pot întoarce.

LOS QUE YA NO PUEDEN VOLVER

Solo recuerdo el silencio,
una pulsera de plata adherida a la piel
hasta la sangre.
ya despegada, la llevo como el banderín de un ser rudo.
la mano descubierta se precipita en la pila bautismal
del que se va para siempre.
tú ya solo eres la gloria; incluso podría decir
la gloria del cielo.
yo soy la esclava que toca la tierra.
que lucha con la tierra. soy una con la tierra.
con las manos alrededor de mi cabeza solitaria
aprieto las venas que me quedan;
la sangre visible al atardecer,
a plena luz de un lago
vacío
donde se reúnen, en el centro, los locos, los verdugos
y los que ya no pueden volver.

CAPUL UNUI ANIMAL CARE A VĂZUT FOCUL

Pe pajiștea luminoasă apare capul unui animal
care a văzut focul. îmi curge sânge din gură
și ridic luminarea îndepărtată ca moartea,
în fața feței.
aici și acum vorbesc despre tine și, deci, despre mine
și despre mine cu tine.
nu înțeleg nimic.
gleznele sunt acoperite de iarbă și insectele sună
pe piele. pe degete îmi place să se adune
ceva ce nu este. numai din gură și din nas
îmi curge sânge. pe locul pe care stau se prăbușește
steaua care nu este decât o groapă.

și întunericul și sângele și cuvintele sunt gropi
și numai Isus și Tatăl Lui și capul unui
animal care a văzut focul.

LA CABEZA DE UN ANIMAL QUE HA VISTO EL FUEGO

En la pradera luminosa aparece la cabeza de un animal
que ha visto el fuego. mi boca sangra
y alzo una vela lejana como la muerte
ante el rostro.
aquí y ahora hablo de ti, es decir, de mí
y de mí contigo.
no entiendo nada.
la hierba cubre mis tobillos y los insectos zumban
sobre mi piel. en los dedos me gusta que se acumule
algo que no es. solo mi boca y mi nariz
sangran. en el lugar donde estoy la estrella
que solo es una tumba se desploma.

y la oscuridad y la sangre y las palabras son tumbas
y solo Jesús y Su Padre y la cabeza
de un animal que ha visto el fuego.

LUMINĂRI DIN CARE PICURĂ SÂNGE

Nici o lumânare nu este lumânare. lumânarea este
mâna din care picură sânge pe crucea de lemn.
să nu te întorci spre bucurie să nu-ți potolești
setea și apoi să te îndepărtezi de propriul tău sex
pe care nu îl vei mai vedea niciodată.

niciodată este acum și atunci este niciodată.
câinele adulmecă urma fină a stăpânului
pe care nu l-a cunoscut niciodată.
câinele urlă pe mormântul stăpânului său pe care nu l-a
atins niciodată.
stăpânul nu atinge ci taie. stăpânul
vede prin câine. stăpânul moare lângă câine.
cuvintele mor lângă cuvinte.
câinele îmi linge rana de pe coapsă.

în plină deznădejde eu salvez un cuvânt.

soarele roșu apune pe un cer fără margini.

LUCES QUE GOTEAN SANGRE

Ninguna vela es una vela. la vela es
la mano que gotea sangre sobre la cruz de madera.
no te gires hacia la alegría ni apacigües
tu sed y luego te alejes de tu propio sexo
que nunca volverás a ver.

nunca es ahora y entonces es nunca.
el perro husmea el fino rastro del amo
al que nunca conoció.
el perro aúlla ante la tumba del amo
al que nunca tocó.
el amo no toca, corta. el amo
ve a través del perro. el amo muere junto al perro.
las palabras mueren junto a las palabras.
el perro lame la herida de mi muslo.

en plena desesperación yo salvo una palabra.

rojo, el sol se pone en un cielo infinito.

LOCUL DESCOPERIT

Acoperită de lumină și apoi doborâtă de aceeași lumină
care coboară și se tăvălește, odată cu înserarea
ca o femeie care se roagă cu capul în pământ
într-o biserică de piatră
ajung în locul descoperit al troiței.
pe drumul plin de praf, aspră, pădurea de mesteceni
din jur amenință.

și nu cântecul și nici râsul și nici plânsetul
numai cuvintele celei care îngenunchează în fața
propriei case ca și în fața ei înseși
în fața familiei deznădăjduite
în fața unor cuvinte fără cuvinte
în fața unui cer negru

și mâinile se transformă în animale fine
care smulg carnea
și pieptul se acoperă de fum
și spatele se dezlipește de față.

EL LUGAR DESCUBIERTO

Envuelta en luz y luego fulminada por la misma luz
que desciende y cae con el crepúsculo
como una mujer que reza cabizbaja
en una iglesia de piedra
llego al lugar descubierto del humilladero.
en el camino polvoriento, áspero, el bosque de abedules
amenaza.

no la canción ni la risa ni el llanto,
solo las palabras de quien se arrodilla
ante su propia casa como ante sí misma,
ante su familia desesperanzada,
ante palabras sin palabras,
ante un cielo negro

y las manos se convierten en animales delgados
que arrancan la carne
y el torso se cubre de humo
y la espalda se separa del pecho.

CUVINTELE SUNT FAPTE ÎNTOARSE CU FAȚA SPRE MINE

Astăzi cuvintele mele sunt mai mult decât
fapte și faptele s-au întors cu fața spre mine.
astăzi faptele mele sunt mai mult decât ceea ce s-ar
putea numi crimă
și crima o fac în tăcere cu fața la perete.
astăzi peretele s-a ridicat în fața mea
ca și în fața lui însuși și fața mea a devenit
fum și sânge.
niciodată astăzi nu a fost ca și astăzi; pe piept
se adună o față lovită și schimonosită
și picură sânge din piept pe fața care
coboară
și niciodată.

LAS PALABRAS SON HECHOS
CON EL ROSTRO VUELTO HACIA MÍ

Hoy mis palabras son más que hechos
y los hechos han vuelto su rostro hacia mí.
hoy mis hechos son más que un crimen
y el crimen
lo cometo en silencio de cara a la pared.
hoy la pared se ha alzado ante mí
como ante sí misma y mi rostro
es humo y sangre.
nunca hoy ha sido como hoy: un rostro
maltrecho y desencajado se ha formado
en mi pecho y gotea sangre mientras
desciende
y nunca.

ÎN GRĂDINA RECE

Înconjurată de dealurile pline de lumină ca de un Bine
plin de otravă
întoarsă din drum de o mână care ține lumânarea
aprinsă și-și picură sângele împreună cu ceara
în vasul pe care l-ai uitat aseară
în grădina rece
acolo, călugărița a hotărât să-și înnegrească pieptul
cu sânge
căci animalele vii sunt pline de putere
și puterea este plină de forță
și forța este o armă a refuzului

dar în grădina rece care se acoperă de fumul
morții, călugărița se dezbracă și-și atinge
pielea capului cu mâinile
când lumina scade și dintr-odată interiorul
se substituie nopții și vestea plină de sânge
acoperă pereții.
acolo cineva a aruncat cuțite în gura
ei plină de cuvinte
dantele de iarbă sfâșiată atârnă
de sutana neagră lipită de piele.
lacul este aproape, mănăstirea arde în tăcere
o haită de lupi amenință hainele negre.

EN EL JARDÍN FRÍO

Rodeada de colinas iluminadas como por un Bien
envenenado,
desviada del camino por una mano que sujeta la vela
encendida y gotea cera y sangre
en el vaso que anoche olvidaste
en el jardín frío,
allí la monja ha decidido ennegrecer su pecho
con sangre,
porque los animales vivos son poderosos
y el poder está lleno de fuerza
y la fuerza es un arma del rechazo

pero en el jardín frío cubierto por el humo
de la muerte, la monja se desnuda y se toca
el cuero cabelludo con las manos
mientras la luz mengua y de pronto los interiores
toman el lugar de la noche y la revelación sangrienta
cubre las paredes.
alguien lanzó cuchillos a su boca
llena de palabras,
encajes de hierba desgarrada cuelgan
de la sotana negra pegada a la piel.
el lago está cerca, el monasterio arde en silencio,
una manada de lobos acecha las ropas negras.

CRANIUL ȘI UȘA

„Și-a smerit cumplit trupul său și tot locul împodobit
altădată l-a umplut de păr smuls din capul său”

și craniul și ușa. tăiate de cuvintele celui care…
alte cuvinte.
infernul se ridică, senin, din umbra cerului său.
mi-e foame de sânge. altădată am lovit fruntea ta
cu degetele subțiri și bolnave.
altădată am izbit o familie.
odinioară am aruncat cu pietre. hei, câtă nepăsare.

atunci regele a zis lui Aman; „bine ai zis, ia repede
haine și cai, cum ai spus și fă așa iudeului Mardoheu,
care șade la poarta regelui.
Să nu lași nimic din toate câte ai zis”.

EL CRÁNEO Y LA PUERTA

«Humilló su cuerpo demasiado y todo el lugar antes
adornado lo llenó con el pelo arrancado de su cabeza»

y el cráneo y la puerta. cortados por las palabras de quien…
otras palabras.
el infierno se eleva, sereno, de la sombra de su cielo.
estoy hambrienta de sangre. una vez golpeé tu frente
con dedos delgados y enfermos.
otra vez golpeé a una familia.
otra tiré piedras. ay, cuánta indiferencia.

entonces el rey le dijo a Amán: «date prisa, toma el
vestido
y el caballo, como tú has dicho, y hazlo así con el judío
Mardoqueo,
que se sienta a la puerta real;
no omitas nada de todo lo que has dicho».

II

II

Lui Alexandru

A Alexandru

I

În acest parc îmi voi încerca puterea și eficiența
revoltei mele față de mine însămi. cu mâinile îmi voi
provoca Totul.
voi desprinde oglinda lucioasă și neagră de zidul care
mă oprește să mă văd atât de aproape
încât să nu mă văd.
o voi sparge. mă voi lipi de zid cu trupul.

în locul tăcerii se insinuează mâinile.

întunericul desprins de mâini este cuvântul care poate
distruge.
pentru că mâinile mele au fost întotdeauna pline de
întuneric
mă joc cu ele adânc ca și focul.
înaintez cu lanterna neagră a unui copil în acest parc al
nimănui.
frunzele încă verzi tremură bătute de un vânt ce nu
poate fi descris.
sunt aici dar numai cu ceea ce nu sunt. pentru că în
acest parc
nu mai pot iubi. simt nimicul. nimicul poate fi și soarele
ce taie

I

En este parque pondré a prueba mi fuerza y la eficacia
de mi revuelta contra mí misma. con las manos
desafiaré mi Todo.
descolgaré el espejo negro y brillante de la pared,
el espejo que me impide verme. tan cerca
como para no verme.
lo romperé. pegaré mi cuerpo a la pared.

en el lugar del silencio se insinúan las manos.

la oscuridad de las manos es la palabra que puede
destruir.
porque mis manos siempre han estado llenas
de oscuridad.
su juego arde como una llama.
avanzo con la linterna negra de un niño por este parque
de nadie.
las hojas aún verdes tiemblan sacudidas por un viento
indescriptible.
estoy aquí pero solo con lo que no soy. porque
en este parque
ya no puedo amar. siento la nada. la nada también es el
sol
que recorta

zidul alb din față dar și sexul înfricoșător al tatălui
ars în foc.
nimic distinct în refuzul ce zguduie viața. chiar și capul
lui
l-am iubit și nu adus pe tavă.
un saxofon de argint plânge în mâinile celui care îl
mânuiește
și plânsetul lui îmi spune mai mult despre lume decât
despre mine însămi.

copilul cu fruntea zdrobită de naivitate înaintează
pe treptele negre dinăuntrul orașului. el se urcă pe o
bancă
pe care noi am așezat-o cu grijă, aici și privește
steaua întunecată
dinăuntrul cerului său.
fața lui se adâncește pe cruce cu viteza lentă a morții.
și când se spune că nimic nu are importanță decât
prezența unei
fisuri prin care lumina să pătrundă, atunci nu se spune
nimic.
atunci fața mea devine îngustă și precisă ca un
obstacol.

copilul se luptă pe viață și pe moarte cu prietenul lui
și sângele îi curge pe nas; dar sângele de pe fața lui este
numai un zvon. și parfumul privirii lui ca un personaj
în plină acțiune rămâne aici, pe loc, pentru totdeauna.

la pared blanca de enfrente y el sexo aterrador del padre
quemado en el fuego.
se evidencia en el rechazo que sacude la vida.
incluso amé
su cabeza y no la traje servida en una bandeja.
un saxofón de plata llora en las manos
de quien lo toca
y su llanto me dice más sobre el mundo
que sobre mí misma.

el niño con la frente aplastada por la ingenuidad avanza
por las negras escaleras del interior de la ciudad. se sube
a un banco
que nosotros hemos colocado con esmero y mira
la estrella oscura
desde su cielo.
su rostro se adentra en la cruz con la velocidad lenta de la
muerte.
y cuando se dice que nada importa sino
la presencia
de una grieta por la que pueda filtrarse la luz, entonces
no se dice nada.
y mi rostro se vuelve angosto y preciso como
un obstáculo.

el niño lucha a vida o muerte con su amigo
y le sangra la nariz; pero la sangre en su rostro
es un rumor. y el rastro de su mirada de personaje
en plena acción permanece aquí, siempre en el mismo
sitio.

un sfârșit care începe fără nici un scop. un foșnet al
zăpezii de pe bradul tăiat pentru sărbătoarea interioară
care mereu a trecut și niciodată nu este.
îmi fac loc cu mâinile pline de-ntuneric
în oglinda strălucitoare și neagră ce nu poate fi învinsă.
în timpul oglinzii oglinda devine cuvântul care
poate distruge.

cel care mă privește fără să mă vadă
ar vrea ca totul să poată fi amânat.
și moartea în timpul morții să fie ceea ce nu poate fi.
poate că atunci va vrea să vadă moartea.

poate că poezia mea este numai timpul în care
am scris fără să văd.
am scris despre mine că lumea sunt eu.

iar eu nu sunt.

un final que comienza sin propósito. un murmullo
de nieve en el abeto talado para la fiesta interior
que siempre pasa y nunca es.
me hago sitio con las manos llenas de oscuridad
en el espejo negro y brillante imposible de vencer.
durante el espejo, el espejo se convierte en la palabra
que puede destruir.

el que me mira sin verme
desea que todo pueda aplazarse.
y que durante la muerte, la muerte sea lo que no puede
ser.
tal vez entonces desee ver la muerte.

tal vez mi poesía sea solo el tiempo
en que escribí sin ver.
escribí sobre mí misma porque el mundo soy yo

y yo no soy.

II

Ceea ce pare obsesie de neînvins nu este decât
sânge al unui obiect pe cale de dispariție.
sânge de obiect ireal.

am văzut în noaptea de anul nou în parcul plin de
întuneric oameni singuri privind fără țintă orizontul. ei
erau însoțiți de umbrele micșorate ale îngerilor lor
ca de
niște gardieni; agățați de ultimul rest de fier delirau
izbindu-și frunțile: abulia lor era mistică.

cu spatele la ei, prăbușită, cu zidul viu răsturnat în față
cu mâinile pierdute pe suprafața adâncită a oglinzii,
profesionista melancoliei își taie viața în benzi de oțel.

orașul era plin de poeți iar Tu erai în interiorul acestui
joc de cuvinte.

pe străzile obosite arde candela definitivă a
desprinderii

II

Lo que parece una obsesión insuperable no es más
que la sangre de un objeto en vías de extinción.
la sangre de un objeto irreal.

vi en nochevieja en el parque lleno de oscuridad
gente sola mirando sin rumbo al horizonte.
iban acompañados por las sombras menguantes
de sus ángeles
como por guardianes. aferrados al último trozo de hierro,
deliraban golpeándose la frente: su abulia era mística.

de espaldas a ellos, desplomada, con las manos perdidas
en la superficie hundida del espejo, esa pared viva
    volcada delante,
la profesional de la melancolía rebanaba su propia vida
    en tiras de acero.

la ciudad estaba llena de poetas y Tú estabas dentro
de ese juego de palabras.

en la calle exhausta ardía la vela definitiva
del desprendimiento.

atunci mi s-a părut că strada era altceva decât era și
am proclamat sigură pe mine că realitatea sumbră a
străzii este numai un cuvânt pe care îl întrebuințăm
într-un
singur moment al vieții; acest moment l-am numit:
Echilibru
zeii arși de soare priveau impenetrabili apusul; zidurile
erau triste.

ce vocație mai poate fi și aceasta care ne îndepărtează
de viață – mi-am spus atunci, cutremurată de îndoială.
străzile
care se întind, acum, sunt pline de umbre și de copii;
părinți,
rude de sânge, toți înaintează veșnic în parcul îngropat
într-o plăcere imensă. toți se plimbă lent ca făcliile
torțelor negre în mâinile transparente. spre sfârșitul
convoiului
plânsetul celor care se ridicau de pe pământ era
adunat în vase de fier.

pe aceste străzi pustii cu mâinile prea lungi pentru
a mă mai
putea folosi de ele; la urma urmei ce vreți voi de la un

entonces me pareció que la calle era otra
y segura de mí misma proclamé que su sombría realidad
era solo una palabra usada
en un momento
determinado de la vida: a este momento lo llamé
Equilibrio.
los dioses quemados por el sol contemplaban
    impenetrables el atardecer. los muros
estaban tristes.

¿qué clase de vocación es esta que nos aleja
de la vida?, pregunté entonces, estremecida por la duda.
la calle
ahora se extiende llena de sombras y de niños;
padres
y parientes de sangre avanzan eternamente en el parque
    enterrado
en el inmenso placer. caminan despacio como llamas
de antorchas negras en manos transparentes.
al final del convoy
el llanto de los que se levantan de la tierra
se recoge en vasos de hierro.

deambulo por la calle vacía con las manos demasiado
    largas
para poder
usarlas todavía; después de todo, qué esperáis

monstru sau, hai să-i spunem: de la o infirmă:
care își introduce plămânii în creier
căci nimic nu-i mai este îndeajuns.
tensiunea sumbră pe care o cunoaștem cu toții
acum, naște o poezie rece; și neputința care o
înconjoară și obsesia. ah, obsesia, a venit timpul
să-i spunem pe nume dar niciodată nu îi voi
spune pe nume
căci moartea și umbra și întunericul sunt unul și același
lucru.

pe aceste străzi pustii.

umbrele care au fost și sunt pentru că nu sunt; o umbră
îmi cântărește sângele și-l pune pe masă. peste
umbra creierului umbra mâinilor ei coboară
umbra saxofonului rece este acum un mormânt
ale cărui sunete îndepărtate intră în umbră.

„vai vouă, fariseilor și cărturarilor fățarnici, că dați
zeciuială din izmă, din mărar și din chimen
dar ați lăsat părțile mai grele ale Legii: judecata
mila și credința".

în umbră și în deșertăciune, cum aș spune: în umbră
și în deșertăciune.

de un monstruo o, aceptémoslo, de una inválida
que introduce sus pulmones en el cerebro
porque ya nada le basta.
la tensión oscura que todos conocemos
engendra una poesía impasible, llena de impotencia
y de obsesión. ay, la obsesión, ha llegado la hora
de llamarla por su nombre, pero nunca
la llamaré por su nombre
porque muerte y sombra y oscuridad son la misma
cosa.

deambulo por la calle vacía.

las sombras fueron y son porque no son; una sombra
pesa mi sangre y la coloca en la mesa. sobre la sombra
del cerebro desciende la sombra de las manos,
la sombra del saxofón frío es ahora una tumba.
su sonido lejano entra en la sombra.

«¡ay de vosotros, escribas y fariseos, hipócritas!,
porque diezmáis la menta, el eneldo y el comino,
y dejáis lo más importante de la ley: la justicia,
la misericordia y la fe».

en la sombra y en la vanidad, diría: en la sombra
y en la vanidad.

toți cei care au fost sunt aici: în umbră
și cei care nu au fost sunt aici: în umbră.

o umbră îmi pătrunde în creier.

numai eu, pentru că exist, nu sunt.

todos los que han sido están aquí: en la sombra,
incluso los que no han sido están aquí: en la sombra.

una sombra penetra mi cerebro.

solo yo, porque existo, no soy.

III

Umbrele sunt orbii mei cu sânge în locul ochilor. trec
pe dinaintea lor dar nu pot să fiu o umbră și atunci
umbrele nu mă recunosc; trec de pe o stradă pe alta
fluturându-mi mantaua de fier; deoarece niciodată nu
am fost
îmbrăcată altfel.

tai cu mâna mea cea mai precisă această piele ascunsă
a umbrei; pe care sta înscris: niciodată nimeni și nimic.

fața mea este ovală și crudă. cu gura uscată
vopsită în negru, îmi scot mâinile din mine însămi.
am scris scriu și voi scrie despre un creier
pe care se văd doar urme de cifre mici și ordonate.

rătăcesc în preajma rătăcirii cu o rătăcire din ce în ce
mai mare.
fruntea ta bolnavă se izbește de osul fanatic
din hrana sângerândă a Diminuării treptate.

sunt profesionista mâinii mele: cu apă pe față

III

Mis sombras son ciegos con sangre en lugar de ojos.
paso junto a ellas pero no puedo ser sombra y entonces
no me reconocen; voy de calle en calle,
agitando mi capa de hierro; porque nunca
he llevado
otras vestimentas.

con mi mano más precisa corto la piel oculta
de la sombra, en la que está escrito: nadie nunca nada.

tengo la cara ovalada y cruel. mis manos
emergen en mi boca seca pintada de negro.
he escrito, escribo y escribiré sobre un cerebro
en el que solo hay rastros de pequeños números
    ordenados.

yerro alrededor de la errancia con una errancia
cada vez más grande.
la frente enferma golpea el hueso fanático
del alimento ensangrentado de la Disminución paulatina.

soy la profesional de mi mano: hundida en el hierro
    indestructible,

adâncită în fierul indestructibil. tu ești acum un înger
al cărui spate este un călugăr îmbrăcat în sutana unei
teorii infirme.

nu mai am decât o singură viață: un cer monoton
coboară
peste zid. și cerul din spatele zidului este el însuși un
zid.

când mă priviți fără să mă vedeți atunci mâinile mele
arse acoperă zidul tău paralel.

nici un poet nu este el însuși poet. noi ne-am urcat
și am dansat pe poeții noștri trecuți în neființă.
nici un cuvânt nu este el însuși un cuvânt: cuvintele sunt
poeți.
poeții nu sunt.
în plină rătăcire a minții apare lumina neagră a
disperării
voalul adânc ce-mi acoperă fața; cu mâinile aprinse ca
niște torțe singure în întuneric, arse de durerea fizică
a loviturilor sistematice: în seara îndepărtată
dintr-o patrie definitivă
picături de sânge cuprinse de spirit, ca un veșmânt fin
acoperă oglinda strălucitoare și neagră.

tengo el rostro húmedo. tú eres un ángel
con la espalda de un monje envuelto en la sotana
de una teoría mutilada.

ya solo tengo una vida: un cielo monótono
desciende
sobre el muro. y el cielo tras el muro es en sí mismo
un muro.

cuando me miran sin verme mis manos
quemadas cubren tu muro paralelo.

ningún poeta es poeta en sí mismo. trepamos
y bailamos sobre nuestros poetas muertos.
ninguna palabra es palabra en sí misma: las palabras
son poetas.
los poetas no son.
en la errancia de la mente surge la luz negra
de la desesperación,
el velo profundo que oculta mi rostro con las manos
encendidas como antorchas
solitarias en la oscuridad, quemadas por el dolor físico
de los golpes sistemáticos. en la tarde lejana
de una patria final,
gotas de sangre tocadas por la gracia, como un manto
    diáfano,
cubren el espejo negro y brillante.

textul roșu mistic emană raze toxice. fără umbra sinucigașă
nu am expresie. golită de fier nu mă hrănește decât întunericul luminat de sânge.

coruri albe de călugări îmbătrâniți în mănăstiri solare
acoperă acum parcul care nu mai este un parc; el este
un tunel fără pereți negru compact și dens ca un cuvânt.

voi, frații mei, ce alegeți din orașul care dispare?
aruncați afară imprecizia speranța și sângele.
precum filosoful care nu a vrut să ardă să trecem și noi
mai departe; dar noi am ars pe jumătate și
lucrurile noastre au ars și nu au rămas decât câteva
cărți: aceste cărți sunt ușa și sângele. ușa este
un om care nu este străin. cei care sunt străini
sunt lucruri. cei care nu sunt străini sunt umili.
poetul și copilul își ard lumânările până la încheietura
mâinii. ei spun că ușa este singurul adăpost.
ei se sprijină de ușă cu mâinile albe și pline de
vene fine.

dacă nu sunteți orbi nu sunteți. umbrele mele sunt
orbii care au două lame subțiri de fier în locul ochilor.
vinovăția și umbra sunt aproape. când voi
nu mă vreți eu sunt deja departe.
am o singură lege: credința în umbra și

el texto rojo místico emite rayos tóxicos. sin la sombra
suicida
no tengo expresión. vaciada de hierro solo me nutre
la oscuridad iluminada por la sangre.

coros blancos de monjes ancianos en monasterios solares
inundan el parque que ya no es parque: es un túnel
negro, sin paredes, compacto y denso
como una palabra.

vosotros, hermanos, ¿qué elegiréis de esta ciudad que
desaparece?
desechad la imprecisión, la esperanza y la sangre.
como el filósofo que no quería arder sigamos asimismo
nuestro camino; pero hemos ardido a medias y también
ardieron nuestras cosas y solo nos quedan unos pocos
libros: estos libros son la puerta y la sangre. la puerta
es alguien que no es un extraño. los extraños
son cosas. los que no son extraños son humildes.
el poeta y el niño queman sus velas hasta el puño.
dicen que la puerta es el único refugio.
apoyan en la puerta sus manos blancas
de venas finas.

si no sois ciegos no sois. mis sombras son
ciegos con dos cuchillas de hierro en lugar de ojos.
la culpa y la sombra están cerca. cuando vosotros
me rechazáis yo ya estoy lejos.
tengo una sola ley: la fe en la sombra

lumina care ard împreună pe zidul descoperit până la
temelie. temelia este un dușman care s-a predat
după ce a luptat până la ultima picătură de sânge.
un zid descoperit până la temelie este un cuvânt.
poeții care au căzut pradă metafizicii mele nu au fost
poeți. ei au fost hrana dantelei negre. niște tigri
ale căror membre au fost zdrobite de mine; dar nu de
mine.
o oarbă pe străzile obosite îmi aduce aminte: sânge
pe lespedea întreită. și peste toate acestea:
prăpastia steagului.

iar voi îmi spuneți cu mâinile încrucișate: „sexul tău
este de metal"
cu fața albă ca varul vă răspund: numai
umilința și umbra
mă mai pot atinge. voi sunteți niște viitoare umbre:
cu umilința pe fața din spatele feței.
pe străzile pustii, noaptea, vorbesc cu mine însămi:
fără cuvinte. acum repet cu iminența nopții: cuvintele
mele sunt numai instrumente. ceea ce gândesc cu
adevărat.
nu pot vorbi. cuvintele mele sunt trepte. scrisul mă
șterge
cu sânge. scrisul este deșert cu sânge în loc de nisip.

y en la luz que arden juntas en el muro desnudo
hasta los cimientos. los cimientos son un enemigo que
lucha
hasta la última gota de sangre.
un muro desnudo hasta los cimientos es una palabra.
los poetas atrapados en las redes de mi metafísica no eran
poetas. eran alimento para el encaje negro. unos tigres
despedazados por mí; aunque no
por mí.
una ciega en la calle exhausta me recuerda: sangre
en la losa dividida en tres. y sobre todo esto:
el abismo de la bandera.

y vosotros, de brazos cruzados, me decís: «tu sexo
es de metal».
y yo, con el rostro blanco como la cal, os respondo:
solo la humildad y la sombra
pueden tocarme. vosotros sois sombras futuras
con humildad en el rostro tras el rostro.
en la calle desierta, de noche, hablo conmigo misma
sin palabras. repito con la inminencia de la noche.
mis palabras son instrumentos.
lo que realmente pienso
no puedo decirlo. mis palabras son peldaños. escribir
me ensucia
de sangre. escribir es un desierto de sangre en lugar de
arena.

un saxofon de argint plânge în mâinile celui care îl mânuiește
și plânsetul lui îmi spune mai mult despre lume
decât despre mine însămi.

structura oglinzii se lărgește pe fața informă.
neputința mea este harta unui metal monoton.

dar ceea ce gândesc cu adevărat nu pot vorbi.
în scrisul meu se conturează ceva ce nu poate fi privit:
o umbră îmi pătrunde în creier.

cu mâinile îmi voi provoca totul.
voi sparge oglinda lucioasă și neagră.
mă voi lipi de zid cu trupul.

un saxofón de plata llora en las manos
de quien lo toca
y su llanto me dice más sobre el mundo
que sobre mí misma.

el rostro informe ensancha la estructura del espejo.
mi impotencia es el mapa de un metal monótono.

pero lo que realmente pienso no puedo decirlo.
en mi escritura se perfila algo invisible:
una sombra penetra mi cerebro.

con mis propias manos me desafiaré.
romperé el espejo negro y brillante.
pegaré mi cuerpo a la pared.

IV

Plictiseala înaintării tale monotone: pe linia ferată,
seara, acel monstru de fier înaintează încet, egal, cu
instinctul
sigur al legilor naturii: peste mirosul de fier
mâna mea refuză culoarea.
cu acest cuvânt mă uit la voi și nu vă privesc.
văd doar cum se destramă o lume. încerc să
privesc și nu pot. ochii mei sunt două lame subțiri
de fier care reflectă lumina. văd cum bucuria
și eroarea șterg trădarea și sângele.

am scris că opțiunea mea cea mai îndepărtată este
poezia.
poate că ceea ce este departe nu există.
aș fi chemat un meșter care să-mi salveze cu
instrumente
fixe proiectul legii înscrise pe zidul din umbră.

cu mâinile lungi și oarbe precum dungile deținutului
fără nici un rând ascuns printre ele îmi provoc
eșecul poezia și moartea.

IV

El tedio del avance monótono: por la vía del tren,
al atardecer, el monstruo de hierro avanza lento,
    constante,
siguiendo el instinto
seguro de las leyes de la naturaleza. huele a hierro
y mi mano no distingue el color.
mi palabra apunta hacia vosotros, pero no os veo.
solo veo cómo se desmorona un mundo. intento
mirar y no puedo. mis ojos son dos cuchillas
de hierro que reflejan la luz. veo cómo la alegría
y el error borran la traición y la sangre.

escribí que mi opción más lejana
es la poesía.
tal vez lo que está lejos no existe.
debí llamar a un operario para que salvara
con sus herramientas
mi proyecto de ley inscrito en la pared sombría.

con las manos largas y ciegas, sin líneas en ellas
como los trajes rayados de los presos, incito
mi fracaso, la poesía y la muerte.

umbrele care au fost și care sunt pentru că nu sunt.
mi s-au întunecat mâinile de atâta așteptare.
versul care crește o dată cu umbra este versul
plin de fum al celui care se târăște în genunchi.

umbrele sunt ca și lipsa de speranță: se transformă în

fier cu timpul. în parcul plin de sânge și de umbre
introvertire până la violență asupra mea însămi.
mi-am spus: hrana mea este adâncă și neagră.

mi-am spus: a venit timpul disimulării în
fața oglinzii. ca un act rece.

las sombras fueron y son porque no son.
mis manos se oscurecieron de tanta espera.
el verso que crece junto a la sombra es el verso
calcinado de quien se arrastra de rodillas.

las sombras son como la falta de esperanza: se vuelven

hierro con el tiempo. en el parque lleno de sangre y
    sombras
me recluyo hasta la violencia.
me dije: mi alimento es hondo y negro.

me dije: ha llegado la hora de disimular
frente al espejo. un acto de frialdad.

V

Am ridicat cuvintele ca pe niște steaguri în bernă.
poezia mea sunt eu. cei care nu îmi vor decât poezia
nu îmi vor poezia. poezia mea are sânge și carne
o frunte îngustă și un trup de femeie.

când ei au venit să colinde, zăpada s-a mișcat
și s-a făcut roșie ca sângele. eu le aruncam din locul
înroșit
plase subțiri de argint în care ei cădeau câte unul.

oglinda strălucitoare și neagră era lipită de pieptul
meu
cu un suport metalic și era dublă. oricum aș fi întors
oglinda, rezultatul era același. oglinda trebuia distrusă.
cuvântul oglindă trebuia distrus. tot ceea ce însemna
distrugere era lucios și negru ca oglinda.

structura oglinzii pe fața informă.

strada era plină de flori de metal iar drumul meu era
ars.

V

He izado las palabras como banderas a media asta.
mi poesía soy yo. los que solo quieren mi poesía
no quieren mi poesía. mi poesía tiene sangre y carne,
una frente estrecha y un cuerpo de mujer.

cuando vinieron a cantar villancicos, la nieve se manchó
de sangre. yo les arrojaba desde el lugar
enrojecido
finas redes de plata en las que caían uno a uno.

el espejo negro y brillante estaba pegado
a mi pecho
con un soporte de metal y era doble. desde todos los
ángulos
el resultado era el mismo. había que destruir el espejo.
había que destruir la palabra espejo. todo lo que
significaba
destrucción era brillante y negro como el espejo.

el rostro informe en la estructura del espejo.

la calle estaba llena de flores de metal y mi camino ardía.

poeții mergeau în echilibru pe aceste flori ciudate
cu buzele uscate și arse și cu cearcăne negre la ochi.
ei mureau și cântau. cântecul lor nu avea ritm.

copilul meu este bâlbâit și stângaci în luptă.
și totul este doar iluminare, plictiseală și înstrăinare.
când au sosit cele patru fete tinere cu părul lung
aruncat pe spate, am plâns. îmi scoteam plămânii afară
fără să-mi mișc mușchii de pe față, pielea
îmi devenise albă ca varul. urletele mele se adânceau
mizerabile
printre coastele de fier.
cele patru fete și-au ales fiecare câte un partener de joc
pentru ca râsul lor să fie dublu. eu îmi smulg plămânii
din spirit de sacrificiu. nu suport să văd umbrele
burților
lor suple profanate.

indiferența se strecoară ucigașă printre pereții albiți de
soare.
demență, numele tău este umil ca și mâna celui
prăbușit în drum.
șapte pași înainte șapte pași înapoi, șapte pași la stânga
șapte pași la dreapta; cel prăbușit în drum se ridică în
picioare
și măsoară exact mijlocul drumului.

los poetas caminaban en equilibrio sobre esas flores
extrañas
con los labios secos y quemados y ojeras negras.
morían y cantaban una canción sin ritmo.

mi niño es tartamudo y torpe en la batalla.
y todo es luz, tedio, enajenación.
cuando llegaron las cuatro jóvenes de pelo largo
sobre la espalda, lloré. me arranqué los pulmones
sin que se me moviera un músculo de la cara, mi piel
se volvió blanca como la cal. mis gritos miserables
se hundieron
entre mis costillas de hierro.
las cuatro jóvenes eligieron cada una a un compañero de
juego
y sus risas fueron dobles. me arranco los pulmones
por mi espíritu de sacrificio. no soporto ver profanadas
las sombras
de sus vientres delgados.

la indiferencia se desliza asesina entre los muros
emblanquecidos
por el sol.
locura, tu nombre es tan humilde como la mano
del que cayó en el camino.
siete pasos adelante, siete pasos atrás, siete pasos a la
izquierda,
siete pasos a la derecha; el que cayó en el camino
se levanta
y busca el centro exacto del camino.

lovesc în familia mea cu cuțite înroșite în foc. când
lovesc în copilul meu mi se întunecă ochii și pieptul
îmi devine un câmp adânc de bătaie. nu pot să lovesc
într-un străin.
neputința mea este eternă și fixă
focul este monoton și alb.

cu oglinda lipită de trup mă apropii încet de grupul de
vreascuri
pe care vreau să-l aprind. aprinderea focului este
un ritual de jertfă. sacrificiul de sine este cel mai
abstract
instrument omenesc.
pentru ca să învăț sacrificiul am învățat să prețuiesc
acțiunea.
am învățat să provoc plăcere, am învățat să-mi consum
furia
și neputința aici, pe loc, pentru totdeauna. am învățat
să aștept
și să-mi construiesc răbdarea ca pe un ring în care să
aștern pe jos talajul fărâmițat al obiectelor ce au ars
scurt și total. am învățat să iubesc fără obiect.

semnul meu este Umilința, Ursa-mare și Urletul.
semnul meu este Urma, Uraniul și Unul.

cărțile mele sunt cuvintele mele. mă uit în ele ca în
niște
lacuri adânci și nemișcate. pieptul tău este un lac adânc

golpeo a mi familia con cuchillos enrojecidos por el
fuego.
golpeo a mi niño y mis ojos se oscurecen. mi pecho
se convierte en un profundo campo de batalla. no puedo
golpear a un extraño.
mi impotencia es inmóvil y eterna.
el fuego es monótono y blanco.

con el espejo pegado al cuerpo me acerco despacio
a la leña
que quiero encender. encender el fuego
es un ritual de sacrificio. el autosacrificio
es el instrumento humano
más abstracto.
para aprender el sacrificio, aprendí a valorar
la acción.
aprendí a dar placer, aprendí a consumir
mi cólera
e impotencia aquí, en el acto, para siempre. aprendí
a esperar
y a construir mi paciencia como un *ring*
donde depositar las astillas de los objetos
que ardieron en un instante. aprendí a amar sin objeto.

mi signo es la humildad, la Osa Mayor y el aullido.
mi signo es la huella, el uranio y el uno.

mis libros son mis palabras. me miro en ellos
como en lagos
profundos e inmóviles. tu pecho es un lago profundo

și nemișcat
voi vreți să mă mișc pentru ca strigătul meu să nu se audă.
eu stau nemișcată pentru ca strigătul meu să existe, să se întoarcă
și să se izbească de mine.
atunci ecoul se va auzi întunecat și rece.

afară ninge și este întuneric. mă atrage băiatul din umbră
care și-a lipit buzele roșii de ultimul vers de pe coperta din spate. îmi place rujul și uleiul de mosc cu care
se unge pe fruntea adâncită fata de măcelar din centru.

pe calea ferată care atinge partea stângă a parcului
se plimbă un om cu spatele la mine. este înalt slab și pare puternic.
creștetul lui este acoperit de un păr blond și are forma unui
instrument ca o țeavă prin care el își strecoară victoria
liniștită a sângelui său infirm.
el este îmbrăcat într-o pelerină de fier.

cuvintele lui se desfac în venă până la tăcere.
din orice unghi îl privesc pe omul cu pelerină de fier
el nu are decât spate. spatele lui se apropie de fața mea.
spatele lui îmi șterge trăsăturile feței.

e inmóvil.
vosotros queréis que me vaya para que mi grito
no se escuche.
yo me quedo quieta para que mi grito exista,
regrese
y se estrelle contra mí.
entonces el eco sonará oscuro y frío.

afuera nieva. anochece. el niño en la sombra
me llama,
pegó sus labios rojos al último verso del libro.
me gusta el carmín y el aceite de almizcle
que la hija del carnicero extiende sobre su frente
hundida.

por la vía del tren del lado izquierdo del parque
camina un hombre de espaldas a mí. es alto y delgado
y parece fuerte.
su cabeza está cubierta de pelo rubio y tiene la forma
de una tubería
por la que se desliza la victoria
silenciosa de su sangre lisiada.
lleva una capa de hierro.

en sus venas las palabras se deshacen hasta el silencio.
desde cualquier ángulo que lo mire, el hombre de la capa
de hierro
no tiene más que espalda. su espalda se acerca a mi
rostro.
su espalda borra los rasgos de mi rostro.

nepăsarea celui care se plimbă cu spatele este o
nepăsare studiată.
eu adâncesc în umbră o nepăsare studiată.

el descuido de quien camina de espaldas
es un descuido estudiado.
yo hundo en la sombra un descuido estudiado.

VI

Toți lupii sunt negri, la marginea orașului arunc o privire
exactă spre câmpul de luptă. parcul este negru. cu mâinile
lipite
de trup arunc cuvinte grele. mă urmăresc pe mine.
urmăresc
Urma ta care nu este o urmă. în timpul urmăririi îmi
desprind
pielea de pe cap cu o liniște și o precizie de mare
meseriaș.
aș vrea să fiu un craniu însângerat care se plimbă într-un
oraș
ambiguu. caut ceea ce nu este. mă caut în tine. ești aici
unde nu
sunt. mă ung cu alcool pe craniul negru. alcool rătăcit
printre mâinile reflexiei. cuvintele îmi sunt ținute cu
lanțuri de
fier din toate părțile pentru a nu se risipi. ca și cum
venele
ar fi perforate cu lanțuri, soarele, jos, ca un rug de foc
alb.
lumina lui sapă canale ale credinței ce urcă până la creier.
peretele din dreapta este inundat de soare, peretele din
stânga
întunecat, preia forma unui focar convergent toxic.

VI

Todos los lobos son negros. a las afueras de la ciudad miro
hacia el campo de batalla. el parque es negro.
con las manos pegadas
al cuerpo lanzo palabras pesadas. me persigo a mí misma.
persigo
tu huella que no es una huella. en esa persecución
me despellejo
la cabeza con la calma y la precisión de un gran
artesano.
quisiera ser un cráneo ensangrentado que camina
por una ciudad
ambigua. busco lo que no está. me busco en ti. estás
donde no estoy.
vierto alcohol sobre mi cráneo negro. alcohol escurrido
entre los dedos de la reflexión. mis palabras están sujetas
con cadenas de hierro
para que no se dispersen como si
mis venas
estuviesen atravesadas por cadenas. el sol, como una pira
blanca.
su luz socava canales de fe que ascienden hasta el cerebro.
la pared derecha resplandece, la pared
izquierda,
oscura, adopta la forma de un foco tóxico convergente.

amândoi
pereții par stâlpi ireali ai prăbușirii construite spre
a reprezenta
spațiul în care, înstrăinată, îmi sunt mie însămi umbră și
lege.
scrisoarea mea de adio este o umbră. încarc toate
umbrele,
tot convoiul de umbre cunoscute pe care se mai văd
urmele
indeciziei, smulg din rădăcină toți copacii, toate florile și
toate
băncile, și, în plin joc al cuvintelor cu ele însele,
trântesc
marfa ireversibilă în tancul războinic cu șenile care
ocupă
partea centrală a parcului. tancul, între timp, a devenit
rigid
și precis. sonda impersonală, încărcată până la refuz,
face implozie; expresia preia atributele organizate ale
limitei proprii:
șapte pași înainte șapte pași înapoi, șapte pași la stânga
șapte pași la dreapta: creierul se ordonează în sensul cerului.
totul este pregătit: cerul se predă, detașat și
impenetrabil, sie
însuși.

ambas
parecen pilares irreales del derrumbe, construidas
para representar
el espacio en que, enajenada, soy mi sombra
y mi ley.
mi carta de despedida es una sombra. cargo todas
las sombras,
todo el convoy de sombras conocidas con las huellas
aún visibles
de la indecisión, arranco de raíz todos los árboles, todas
las flores
y todos
los bancos, y, mientras las palabras juegan consigo mismas,
arrojo
la carga irreversible al tanque oruga
que ocupa
el centro del parque. de pronto, el tanque se vuelve
rígido
y preciso, como un pozo impersonal, repleto,
que implosiona; la expresión adopta los atributos
del propio límite:
siete pasos adelante, siete pasos atrás, siete pasos a la
izquierda,
siete pasos a la derecha: el cerebro se ordena hacia el
cielo.
todo está listo: el cielo se entrega, con desapego,
impenetrable, a sí
mismo.

în parcul plin de sânge și de umbre sosește băiatul
cu buzele
roșii din care întunericul țâșnește ca dintr-o sondă de
petrol.

aceasta a fost poezia mea: dirupisti vincula mea.
peste blocul de măcelari din umbră zboară
un cârd de cocori
cenușii. de sub cărămizile negre ale casei părintești ies
păianjeni
veseli care ating cu gura tăietura ebraică a cuvintelor
mele.

se aud coruri adânci și albe în care soarele a pătruns ca
și
într-un perete. călugări din spermă și ceară, infiniți și
fără
culoare pătrund în creierul meu.

sunt o călugăriță care privește pământul de la șapte
centimetri.
urmele tale sunt și nu sunt: și nu voi spune cum spune
poetul: „lac
de sudoare". voi spune: „lac de sânge".
et mane quippe in eis factum est et vespera.

al parque lleno de sangre y sombras acude el niño
con labios
rojos de los que brota la oscuridad como de un pozo
de petróleo.

este era mi poema *dirupisti vincula mea.*
una bandada de grullas cenicientas
sobrevuela la carnicería
desde la sombra. arañas alegres emergen de los ladrillos
negros
de la casa de mi infancia y rozan el corte hebraico
de mis palabras.

se oyen coros profundos y blancos que el sol azota
como si fueran
muros. monjes de esperma y cera, infinitos
e incoloros,
atraviesan mi cerebro.

soy la monja que mira la tierra desde una altura
de siete centímetros.
tus huellas están y no están: y no diré como dice
el poeta: «lago
de sudor». diré: «lago de sangre».
et mane quippe in eis factum est et vespera.

VII

Voi părăsi zidurile sacre pe care umbrele au săpat
inscripții
efemere. îmi pregătesc cu sânge rece sfârșitul. în
spatele meu
vin cu torțe aprinse în mâinile negre și ușoare un șir de
preoți
ciudați și fanatici și un grup de măcelari care și-a
insinuat
cu viclenie resemnarea și forța. umbra tatălui îmi face
semne tăcute prin gardul de spini care ne desparte.

o, rigoare și coerență. norme ale durerii au fost
destule: să găsim
acum metodele înguste și precise ale disciplinei de
sine și metodele vaste ale umilinței: șapte pași înainte
șapte pași înapoi.
flori albastre pe drumul de iarnă: sângele, oricât m-aș

VII

Abandono los muros sagrados donde las sombras tallaron
inscripciones
efímeras. preparo con sangre fría mi final.
detrás de mí,
con antorchas encendidas en sus manos negras y
delgadas, llegan
sacerdotes
fanáticos y extraños, y un grupo de carniceros
que insinúa
con astucia su resignación y su fuerza. la sombra de mi
padre me hace
señales sigilosas tras la alambrada de espinas que nos
separa.

oh, rigor y coherencia. las reglas del dolor fueron
suficientes: encontremos
ahora los métodos estrechos y precisos de la
autodisciplina
y los amplios métodos de la humildad: siete pasos
adelante,
siete pasos atrás.
flores azules en el camino invernal: la sangre, por mucho

târî pe
treptele zdrențuite, piere ca fumul.

în timpul nopții, când Tu ești alături, îmi este greață de
frumusețe.
„ergo ut verum loquar, de tuo loquar".
am părăsit părul, armele și poezia. când înserarea și-a
construit
cu precizie umbrele, am invidiat luxul decadenței
sumbre.
am vrut perfecțiunea și perfecțiunea s-a dovedit a fi
nebunie.

leneșă am închinat un imn violenței. pielea mea a
devenit o
suprafață fixă. uit și distrug. mă joc și nu mă joc.
întâlnirile mele
sunt duble. câmpul meu de luptă a fost un ring de oțel
în care
am scris cu fața la pământ.
volo etiam dicere, domine deus meus, quod me
consequens tua
scriptura commonet, et dicam nec verebor.

călugărița care stă în genunchi cu fața la zid este
chintesența
sutanei de fier cu praful. abulia îi adâncește credința.

que me arrastre
por los peldaños desgastados, se desvanece como el
    humo.

de noche, cuando Tú estás a mi lado, la belleza
me aturde.
ergo ut verum loquar, de tuo loquar.
he renunciado a mi pelo, a las armas y a la poesía.
    cuando el atardecer
trazó
sus sombras, envidié el lujo de la decadencia
siniestra.
quise la perfección y la perfección resultó ser
la locura.

indolente, rendí culto a la violencia. ahora
mi piel
es una superficie fija. olvido y destruyo. juego y no juego.
mis vínculos
son dobles. mi campo de batalla era un *ring* de acero
donde
escribía de cara a la tierra.
volo etiam dicere, domine deus meus, quod me
consequens tua
scriptura commonet, et dicam nec verebor.

la monja arrodillada frente al muro
es la fusión
de la sotana de hierro y el polvo. su abulia realza su fe.

halca de
carne de pe blazonul tăiat în două pe care îl poartă cu
sine
este o picătură de sânge în plus. își măsoară umilința
cu fața
la cei care nu-și mai pot întoarce fața de la ea. cel mai
înalt
dintre cei care o privesc în timpul în care ea își
pregătește
cu detașare pagina pe care va trebui să o ardă este un
copil
cu privirea asiatică.

călugărița atinge pagina albă cu degetele ei acoperite
cu un singur cuvânt, dar pagina rămâne albă.
copilul se joacă cu fața ei de departe, fără să o atingă.
el aruncă un buchet de flori uscate și galbene
pe sutana de fier și florile se aprind.
el înaintează pe treptele negre dinăuntrul orașului
cu o lanternă în formă de U, pentru a vedea
fața călugăriței.
fața lui se adâncește pe cruce cu viteza lentă a morții.
copilul își sărută mâinile.

lumânări arse, ca un cuțit, mă lovesc în creier.
mi-am uns mâinile cu noroi.
apuc cuțitul cu mâinile și mă joc cu el.

el pedazo
de carne en su insignia cortada
por la mitad
es otra gota de sangre. mide su humillación
por el rostro
de quienes no pueden dejar de mirarla.
el más alto de ellos
es un niño de ojos asiáticos.
la mira
mientras ella prepara con indiferencia
la página
que habrá de quemar.

la monja toca la página blanca con sus dedos envueltos
en una sola palabra, pero la página permanece blanca.
a lo lejos, el niño juega con su rostro sin alcanzarla.
arroja un ramo de flores amarillas y secas
sobre la sotana de hierro y las flores se iluminan.
avanza por los peldaños negros de la ciudad
con una linterna en forma de U para ver
el rostro de la monja.
su propio rostro se hunde en la cruz con la velocidad
  lenta de la muerte.
el niño besa sus manos.

velas consumidas se me clavan en el cerebro como un
  cuchillo.
me ensucio las manos de barro.
agarro el cuchillo y juego con él.

mă întind pe masa plină de ceară a umbrei.
SUNT UNUL ȘI ACELAȘI LUCRU CU ÎNTUNERICUL.
LUMINA.

et hoc intellegere quis hominum dabit homini?
quis angelus angelo? quis angelus homini? A te
petetur, in te
gueretur, ad te pulsetur; sic, sic accipietur, sic
invenietur,
sic aperietur.

sobre los rastros de cera me tumbo en la mesa de la
sombra.
SOY UNA CON LA OSCURIDAD.
LUZ.

et hoc intellegere quis hominum dabit homini?
quis angelus angelo? quis angelus homini? A te
petetur, in te
guaeretur, ad te pulsetur; sic, sic accipietur, sic
invenietur,
sic aperietur.

ÍNDICE

I

II

Esta primera edición de *El parque* se acabó de imprimir el 12 de marzo en Madrid, día del decimosexto aniversario de la muerte de Blanca Varela en Lima.